中华人民共和国地方志丛书

བོད་རང་སྐྱོང་ལྗོངས་ཀྱི་དཀར་ཆག
ནད་ཡམས་བརྟག་ཞིབ་དཀར་ཆག

西藏自治区志

检验检疫志

西藏自治区地方志编纂委员会 总编
《西藏自治区志·检验检疫志》编纂委员会 编撰

中国藏学出版社

图书在版编目（CIP）数据

西藏自治区志·检验检疫志/西藏自治区检验检疫志编纂委员会编.
—北京：中国藏学出版社，2008.7
（中华人民共和国西藏自治区地方志丛书）
ISBN 7-80057-838-0

Ⅰ．西… Ⅱ.西… Ⅲ.①西藏-地方志②出入境管理-商品检验-概况-西藏 ③出入境管理-卫生检疫-概况-西藏 Ⅳ.K297.5

中国版本图书馆CIP数据核字（2008）第132126号

出　版	中国藏学出版社 （北京市朝阳区北四环东路131号）
发　行	中国藏学出版社
印　刷	安徽新华印刷股份有限公司

开　本	889×1194毫米　1/16
印　张	13.5
字　数	290千字
版　次	2012年4月第1版第1次印刷
印　数	2000册

ISBN 7-80057-838-0/K·178　　定价：53.00元

为國修志
利藏利民

張庆黎
二〇〇七年十一月

努力编修好西藏地方志，为西藏经济社会发展提供智力支持。

列确

2005年5月30日

西藏自治区志

总 编 纂　向巴平措

副总编纂　张　斋　炯　　白玛赤林　　公保扎西

西藏自治区地方志编纂（工作）委员会

（2001年12月21日～2003年7月8日）

主　　任　热　地
常务副主任　列　确　巴　桑　李立国
副 主 任　胡春华　赵　廉　普　穷　群　培　陈汉昌
　　　　　多　嘉　佘吉成　乔元忠
委　　员　罗广武　马国超　巴桑顿珠　张崇银　王殿元
　　　　　梁殿臣　吴英杰　刘玉超　塔尔青　马泽碧(女)
　　　　　张子剑　王保生　王承杰　土　登　卓　嘎(女)
　　　　　旺堆次仁　阿　布　达　娃(女)　车明怀　次旺俊美
　　　　　仁增多吉　洛桑江村　宫蒲光　白玛赤林　才旺班典
　　　　　孟德利　多　托　董明俊

（2003年7月9日～2004年1月14日）

主　　任　杨传堂
副 主 任　胡春华　白玛赤林
委　　员　张跃平　罗广武　王文佩　王瑞连　格桑朗杰
　　　　　阿　塔　李国勇　丁业现　达　娃(女)　次旺俊美
　　　　　车明怀

（2004年1月15日～2005年4月）

主　　任　徐明阳
副 主 任　白玛赤林　金书波
委　　员　张跃平　罗广武　王文佩　王瑞连　格桑朗杰
　　　　　阿　塔　李国勇　丁业现　达　娃(女)　次旺俊美
　　　　　车明怀

《西藏自治区志》总编辑室

《西藏自治区志》出版编辑部

《西藏自治区志·检验验疫志》编纂委员会

《西藏自治区志·检验检疫志》编辑部

（1998年11月3日～1999年5月11日）

主　编　支毅隆

副主编　何体森　马　军

编　辑　彭雪远　刘华金　刘青固

（1999年5月12日～2001年）

主　编　但国义

副主编　何体森　马　军

编　辑　侯长立　王顺芝　傅金波　闫　俊

（2001年～2002年4月21日）

主　编　但国义

副主编　何体森　马　军

编　辑　李文全　德　吉

（2002年4月22日～2002年8月）

主　编　但国义

副主编　何体森　敖必强

编　辑　李文全　德　吉

（2002年4月22日～2005年6月）

主　编　何体森

副主编　敖必强

编　辑　李文全　德　吉

（2005年7月～2008年7月）

主　编　何体森

副主编　李文全　德　吉

《西藏自治区志·检验检疫志》终审领导小组

组　　长　郝　鹏

副 组 长　罗广武　任万海　车明怀　周建安　何体森

成　　员　次　诚　安荣祥　尚会年　周羿生　杨　飞

　　　　　曹建峰　曹彪林　何本林　周　平

《西藏自治区志·检验检疫志》审定委员会

主　　任　郝　鹏　拉巴平措

成　　员　罗广武　任万海　车明怀　毕　华　房成利

　　　　　何体森

领 导 题 词

1991年2月29日，西藏自治区主席江村罗布为西藏商检工作题词。

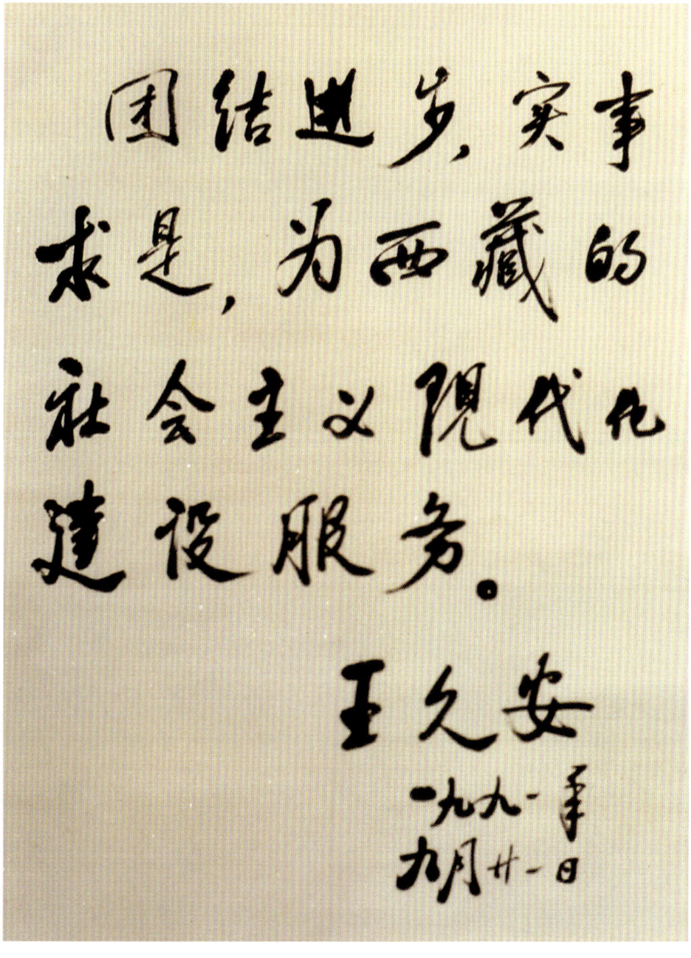

1991年9月21日，国家进出口商品检验局局长王久安为西藏商检工作所作题词。

1992年7月29日，卫生部部长陈敏章为拉萨卫生检验检疫工作所作题词。

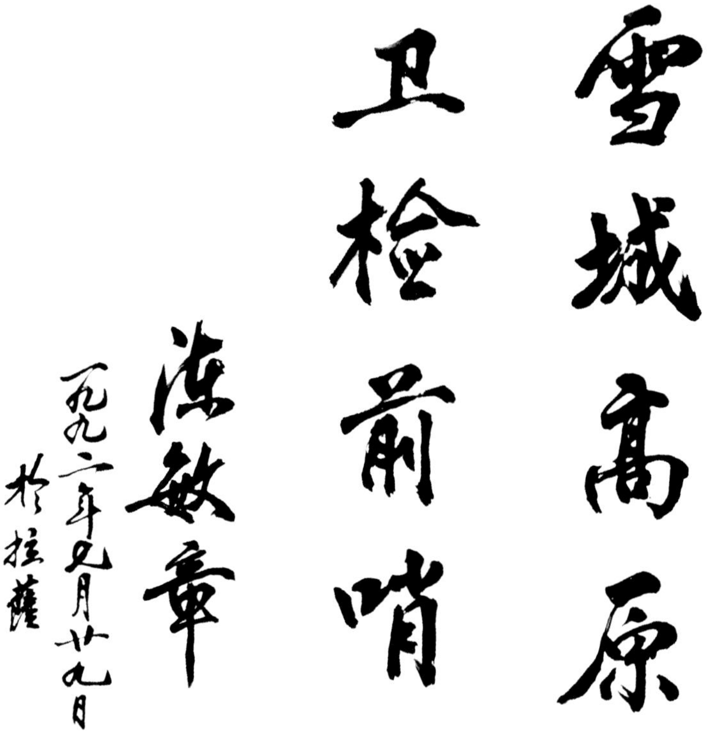

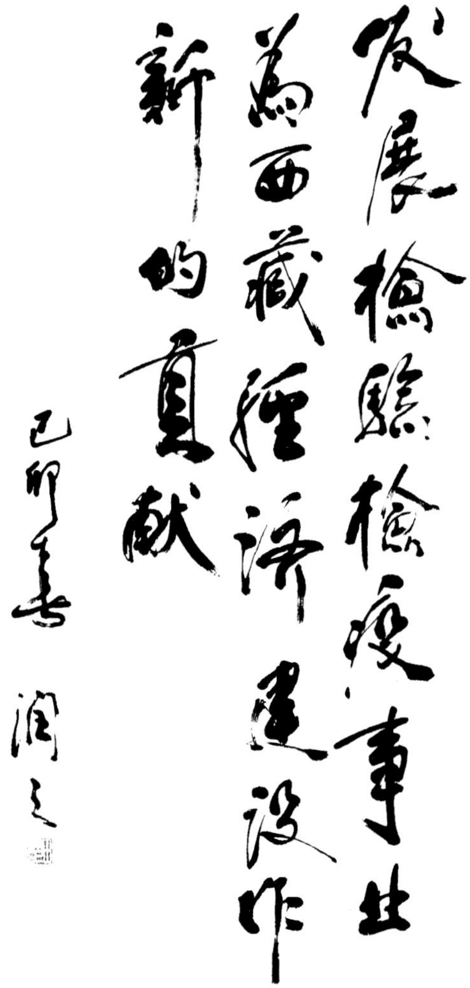

1999年春，国家出入境检验检疫局局长田润之为西藏检验检疫局所作题词。

领导关怀

1990年8月，国家动植物检疫总所党组成员崔砚林（右二）在检查樟木动植物检疫工作时，与樟木工作人员座谈。

1992年3月24日，自治区副主席毛如柏（右三）视察西藏商检局实验室。

1995年3月15日，自治区人大常委会副主任龚达希（右一）听取商检工作人员讲解如何识别假冒伪劣商品。

1995年9月，中央政治局委员、国务院副总理吴邦国（左一）视察西藏自治区成立三十周年成就展时，在西藏商检局展台前驻足观看。

1996年，自治区副主席杨松（前排左一）视察西藏商检局实验室。

1999年10月18日，自治区党委副书记兼秘书长李立国（左一）、自治区常务副主席徐明阳（左二）、自治区副主席孙岐文（讲话者）出席西藏检验检疫局成立大会。

2000年7月20日，国家出入境检验检疫局局长、海关总署副署长李长江（中）视察西藏检验检疫技术中心。

2000年9月，国家出入境检验检疫局副局长宋明昌（右三）视察西藏检验检疫局机场办事处。西藏出入境检验检疫局局长林盛梁陪同。

2000年12月1日，自治区副主席武继烈（中）视察西藏检验检疫局艾滋病宣传点。

队 伍 建 设

1981年6月11日，西藏商检局局长梁世鹏（前排左二）在樟木商检处欢迎援藏同志时与工作人员合影。

1984年3月17日，西藏商检局局长冯德贵（前排左三）、自治区商业厅厅长郑言洲（前排左四）与参加全区第二次商检工作会议的全体与会人员合影。

2000年10月，国家检验检疫局副局长葛志荣（二排左五），西藏检验检疫局副局长龙新平（二排左四）、副局长但国义（二排左八）、纪检组长赵振栓（二排左二）与西藏检验检疫局机关全体工作人员合影。

业务建设

1994年，西藏商检局局长李安华向西藏出口企业颁发出口质量许可证书。

1995年11月24日，西藏商检局举行成立十五周年座谈会，西藏商检局局长李安华（主席台左三）、副局长罗家纯（主席台左四）、纪检组长普次仁（主席台左二）参加会议。

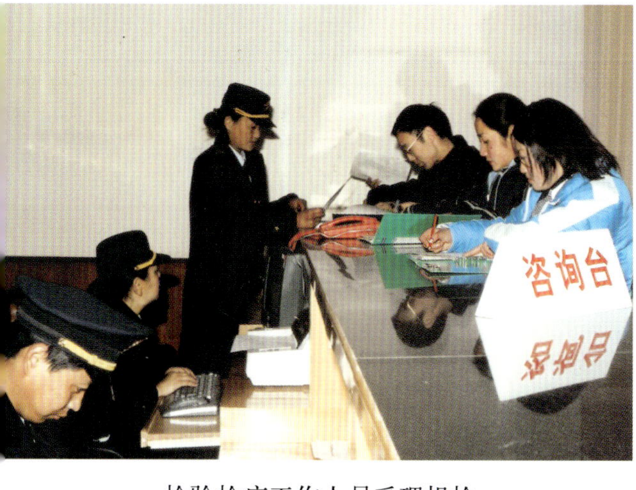

检验检疫工作人员受理报检

检验检疫工作人员对出口地毯进行检验

检验检疫人员对樟木口岸出口货物进行口岸查验

检验检疫人员对入境车辆进行消毒

检验检疫人员对出国人员进行健康体检

实验室建设

检验检疫工作人员对进口家用电器进行安全性能检测

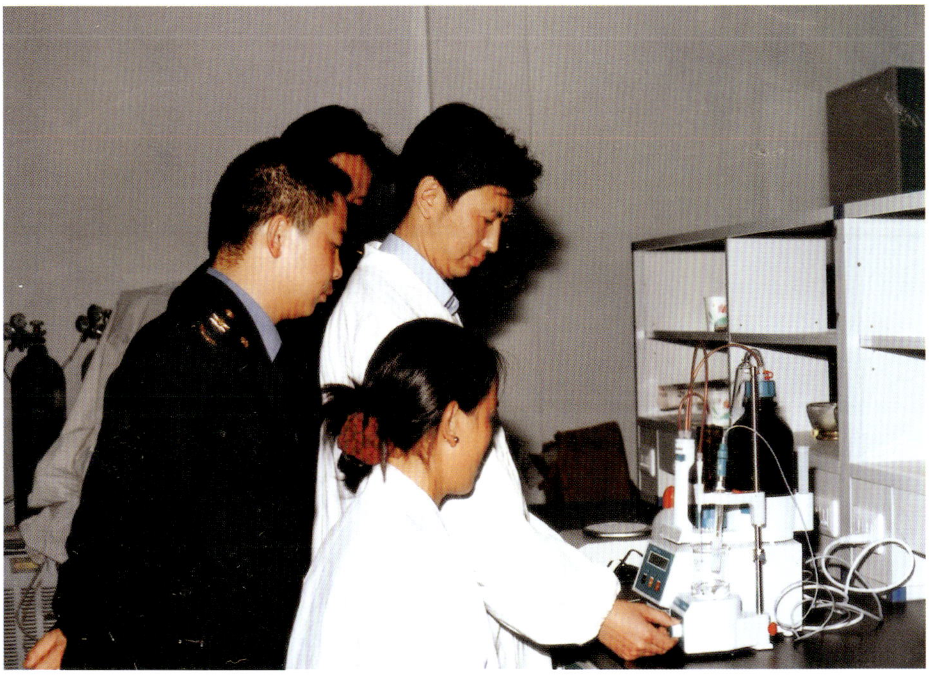

检验检疫工作人员对进口食品进行卫生指标检测

检验检疫工作人员对进境植物虫害进行鉴定

检验检疫人员对出境活羊进行检疫

检验检疫人员对入境水果进行检验

检验检疫人员对入境大米进行检疫

检验检疫人员对出境人员健康证书进行查验

检验检疫人员对口岸商品卫生进行监督

2000年3月15日，西藏检验检疫局副局长但国义就开展打击假冒伪劣商品工作接受记者采访。

检验检疫工作人员对出口服装进行检验

检验检疫工作人员对出口绵羊毛进行检验

检验检疫工作人员对进口机动车辆进行检验

检验检疫工作人员对进口家用电器进行检验

检验检疫工作人员对进口镀锌铁皮进行检验

检验检疫工作人员对进口汽车配件进行检验

检验检疫工作人员对进口机械设备进行价值鉴定

检验检疫工作人员对进口钢材进行检验

1994年1月27日，西藏电视台拍摄的《西藏商检》专题片在西藏商检局举行开播座谈会。

1994年6月3日，自治区领导班子思想作风建设研讨现场会在西藏商检局召开。

1995年9月25日，西藏商检局报送的民族服饰表演节目荣获首届全国商检系统文艺调演一等奖。

2000年1月1日，西藏检验检疫局机关举行干部职工拔河比赛。

2000年6月至7月，西藏验检疫局开展“三讲”教活动，国家检验检疫局巡组组长周永顺（中）在动大会上讲话。

对外交流与修志

2000年2月1日，西藏检验检疫局副局长龙新平与尼泊尔王国驻拉萨总领事潘迪就商品进出境事宜等进行座谈。

2003年11月26日，《西藏自治区志 · 检验检疫志》复审会在自治区检验检疫局召开。

2005年1月7日，《西藏自治区志 · 检验检疫志》终审会在拉萨召开。

总　序

中国是统一的多民族国家，编修地方志是中华民族的优良传统。追溯历史，“方志”一词最早语出《周礼·春官》：“外史掌四方之志。”汉唐盛世，国力倍增，史志学家辈出。司马迁、班固、常璩拔其萃，《禹贡》、《汉书·地理志》、《华阳国志》括四方；宋元继其后，州县编修方志蔚然成风；及至明清，地方志的编纂不仅成为官民文化传承的一部分，而且纳入了国家正常的运行机制。清朝初年，雍正帝曾晓谕各省督抚，重视治内志书的修纂，并将志书修纂之优劣作为考绩诠叙之内容。民国之际，军阀混战，国无宁日，且遇强敌入侵，仍颁布《修志事例概要》，督促各地设立通志馆。中华人民共和国成立后，党和政府继承了中华民族这一优良传统，将编修社会主义新方志提上议事日程，至20世纪60年代中期，全国已有530多个县（市）成立了地方志编纂机构。自80年代始，在全国各省市相继成立修志馆、办，确然形成了“盛世修志”局面的背景下，西藏自治区编修方志的工作开始起步，但由于各方条件的限制，未能跟上全国修志工作的步伐。至90年代以来，相关机构正式设立，编纂工作全面展开。

一

西藏自治区地处祖国西南边疆，面积120多万平方千米，它北邻青海、新疆，东接四川、云南，以南、以西与缅甸、印度、不丹、尼泊尔等国家接壤，边境线约4000千米，其中横亘于西南的喜马拉雅山脉2500多千米，构成了祖国西南边疆的天然屏障。西藏地处青藏高原主体部分，东部和南部为海拔2000米~4000米的高山谷地，西部和北部为海拔4000米~5500米的大山环绕的雪地草原，中部为拉萨河、年楚河、雅鲁藏布江冲积而成的河谷低地。区域内山脉连绵，雪峰重叠，江河纵横，湖泊棋布，东南边缘森林茂密，西部、北部地区草原相接，中部河谷地带良田广布。西藏自治区辖有昌都、林芝、山南、拉萨、那曲、日喀则、阿里等7地（市），74个县（市、区），718个乡（镇）。截止到2000年年底，全区总人口262万人，以藏族为主体，藏、汉、蒙古、回、门巴、珞巴等多民族聚居，其中，藏族占区内总人口的92.2%。西藏有着悠久的历史和灿烂的文化，独特的地理环境造就了别具一格的生存面貌。在传统文化领域，有古代科技的天文、历算、医学，有卷帙浩繁的文史作品和佛教典籍，有源远流长的绘画、建筑、雕刻、音乐、舞蹈、戏剧，等等。这些名胜古迹和文物典籍丰富了中华民族的文化宝库，为中华文化增添了一朵朵鲜艳的奇葩。西藏地处高原，山川奇险，自然风光雄浑秀丽，人文风景丰富多彩，其多样性的自然生态和文化生态，构成了祖国西南边疆的秀美图画，令国内外的人们关注和神往。

二

长期以来，西藏地区各民族相互交流，相互学习，共同开发了这片辽阔的土地，创造了悠久的历史。据考古资料证实，西藏地区早在数万年前就有人类活动，经过漫长的原始社会，逐步向阶级社会过渡。约在西汉时期，西藏地区就出现了悉补野王统世系的第一个部落王聂赤赞普；经过八百余年的发展，至隋唐时期，松赞干布逐步削平群雄，统一青藏地区，建立了吐蕃政权，同时与华夏各民族建立了密切的联系。唐太宗贞观年间，松赞干布两次派遣大臣赴长安向唐朝请婚，并于641年迎娶唐宗室女文成公主，与唐朝建立了甥舅之谊。710年，唐金城公主又嫁与吐蕃赞普赤德祖赞，再传“和亲”佳话。唐与吐蕃间或激烈（表现为征战）或和平（表现为联姻、商贸等）的交往，大大推动了青藏高原各民族与内地其他各民族之间的联系，对唐、吐蕃、吐谷浑、突厥、回纥、南诏等各民族间的政治、经济、文化的交往和发展产生了深远的影响。

9世纪末10世纪初，唐朝在藩镇割据和农民起义的双重打击下开始崩溃解体，吐蕃也于此时走向衰落，形成了互不统属、各自为政的地方势力割据集团，藏史称之为“分治时期”。直到宋代，中国境内仍有辽、金、西夏、唃厮啰等势力并存。尤其是崛起于河湟地区的吐蕃后人建立的唃厮啰政权，西南与噶举、噶当、萨迦等教派势力相联系，以东和以北与宋、西夏、契丹相沟通，以此为桥梁，青藏高原诸部与华夏各民族之间的交往从未中断。及至元世祖忽必烈以武力击败南宋，统一中国之时，西藏诸部顺应历史潮流，归入了元代中央政府统一管理的范畴。其后，历代中央政府对西藏实行有效管理，如：元朝在中央设立宣政院，专门管理西藏地区事务，在西藏设置驿站，清查户口，征收赋税，考核官员，驻扎军队。明朝敕封帕木竹巴政权和噶举、萨迦、格鲁诸派宗教首领，“大宝法王”等三大法王和“阐化王”等五个王及多个国师名号，西藏地方的各级官员和上层僧侣，都须经中央政府正式册封方有合法地位。清朝在西藏设驻藏大臣制度，建驻藏大臣衙门，定期委派驻藏大臣管理西藏军政事务和财政开支，主持和监督达赖、班禅及其他大活佛转世、坐床，册封其名号，并于1793年颁行《钦定藏内善后章程》（二十九条），进一步强化对西藏的治理。民国时期，国民政府根据临时大总统孙中山宣言精神和《中华民国临时约法》，明确宣告西藏为中华民国的领土，南京国民政府也颁布《中华民国宪法》，规定“西藏自治区制度，应予以保障”。在强敌入侵，边疆管理薄弱的情况下，先后派大员黄慕松、吴忠信入藏，代表中央政府存问藏事，验视备选灵童，主持达赖喇嘛转世、坐床事宜。

元代以来，西藏在历代中央政府的直接管理下，其行政区划、名称时有变化。元朝设“乌思、藏、纳里速古鲁孙”等宣慰使司都元帅府，隶属于宣政院，其管辖范围即前、后藏和阿里地区。明朝时期，中央政府将管理其他少数民族地区的军事和行政制度施行于西藏，设置乌思藏卫指挥使司、朵甘卫指挥使司和俄力思军民元帅府，分别管理卫、藏、阿里和昌都地区，后又提升乌思藏、朵甘两卫指挥使司为行都指挥使司，其下设卫、所等机构，管理军政事务。清朝年间，为了强化中央政府对西藏的管理，朝廷派员勘定西藏与四川、云南、青海等省省界，将康定、理塘、巴塘等地划归四川管理，将中甸、阿墩子、维西等地划归云南管理，至此，西藏区划基本固定，除民国年间一度将昌都、察隅等以东地区划归西康省管理外，其行政区划一直延续至今。

三

20世纪50年代前的旧西藏实行封建农奴制度，占人口不足5%的官家、贵族、上层僧侣三大领主占据了西藏的绝大部分耕地、草原、山林及大部分牲畜，并以封建领主庄园的形式为其服务，而占总人口95%以上的农奴、奴隶几乎没有属于自己的生产资料，不得不终身依附于三大领主。三大领主结成一体，构成了政教合一的统治政权。在这一制度统治下，西藏的经济、社会长期停滞不前，生产力日益萎缩，政治经济文化长期处于落后状况。

1949年10月1日，中华人民共和国成立。1951年5月23日，中央人民政府与西藏地方政府签订了《中央人民政府和西藏地方政府关于和平解放西藏办法的协议》（简称《十七条协议》），实现了西藏的和平解放及社会历史的伟大跨越，从此，西藏地区在中国共产党的领导下开始了社会变革和经济跨越发展的伟大实践。50多年来，中国共产党把马克思主义关于民族理论的基本原理运用于中国的民族地区，创建了符合中国特色的民族理论、政策和民族区域自治制度，开创了西藏在社会主义祖国大家庭中从黑暗走向光明、从落后走向进步、从贫穷走向富裕、从专制走向民主、从封闭走向开放的光辉历程。

20世纪50年代，中央人民政府按照《十七条协议》的规定，在保留旧的政治制度不变的环境下发展生产，抗灾扶贫，全心全意地为西藏人民谋利益，赢得了西藏人民的衷心拥护和爱戴。1959年，西藏上层反动集团在帝国主义的支持下，公然撕毁了《十七条协议》，发动了旨在分裂祖国、维护封建农奴制度的叛乱。为了维护国家统一，中央人民政府解散了西藏地方政府，平息叛乱，进行了民主改革。1965年，西藏自治区成立，西藏实现了社会制度的彻底变革，从此走上了社会主义现代化建设的康庄大道。20世纪80年代以后，西藏紧跟全国改革开放的步伐，坚持以经济建设为中心，不断深化改革，扩大开放，抓住机遇，社会经济进入快速发展的轨道。到2000年，全自治区实现国内生产总值117.42亿元，较旧西藏以几十倍幅度增长；社会文明程度大大增强，人民生活水平日益提高，大部分群众过上了小康生活；基础设施明显改善，交通运输、邮电通信发展迅速，形成连接祖国各地的交通干线和航空、邮电网络；现代教育事业得到长足发展，到2000年，各级各类学校已达956所，教学点3000多个，在校学生38万人，适龄儿童入学率已达80%以上，具有地方特色的幼儿教育、小学教育、中等教育、高等教育及成人教育体系业已形成；人民群众的科学文化素质明显提高，民族的优秀传统文化得到继承和发展。

50多年来，西藏自治区始终得到中央的特殊关怀和全国人民的大力支持。中央从战略全局的高度，确立"西藏是边疆民族工作的重点地区，是保证国家安全的重要前沿，具有特殊的战略地位"，"西藏的工作在党和国家的全部工作中居于重要的战略地位"。"西藏的稳定，涉及国家的稳定；西藏的发展，涉及国家的发展；西藏的安全，涉及国家的安全"。西藏的发展繁荣与中央的特殊关怀和全国人民的大力支援密不可分。和平解放初期，进藏人民解放军和大批专业技术人员、干部就积极投身于西藏的革命和建设事业。民主改革之后，大批各民族的干部、科技人员、教师、医生和技术工人响应党的号召，不怕艰苦，奔赴西藏，为西藏各项事业作出了巨大贡献。改革开放以来，中央先后为西藏确立了四十三项、六十二项等重大工程，确立兄弟省市和中央各部委按照第三次西藏工作座谈会所确定的"分片负责，对口支援，定期轮换"的方式支援西藏，落实了大批项目。这些项目涉及农业、工业、交通、能源、教育、文化、卫生、市政建设等领域，分布于西藏的各地、市、县。在中央特殊关怀和全国人民的大力支援下，西藏经济社会发展正在实现伟大的跨越。

四

近代以来，中国边疆各民族地区几乎都遭受过帝国主义的入侵，西藏地区也未能幸免。19世纪中叶，帝国主义在疯狂侵犯我沿海地区的同时，也将其魔爪伸进了中国的西藏地区。在一百多年的时间里，帝国主义借传教、考察、探险之名，派出一批批所谓的“传教士”、“探险家”、“学者”先后进入西藏，调查社会、经济状况，刺探情报。及至19世纪末20世纪初，英国殖民主义者撕下了伪装，于1888年、1904年两次派兵入侵西藏地区。西藏军民在武器十分落后的情况下，坚决抗击敌人，打击了敌人的入侵。帝国主义的武力入侵不能实现其分裂西藏的目的，便利用各种手段在西藏地方内部培植亲信，挑拨民族关系，并策划臭名昭著的“西姆拉会议”、“泛亚洲会议”，制造所谓的“西藏独立”，企图将中国西藏地区分裂出去。其中非法的“麦克马洪线”将喜马拉雅山脉以南九万多平方千米的中国领土划归印度，遗患至今。可以说，所谓“西藏独立”的出现，是与近代一百多年来帝国主义以分裂中国边疆地区为目的的侵略分不开的。与此相伴随，分裂与反对分裂、坚决捍卫国家统一和主权的斗争一直未有中断。

西藏和平解放以后，西藏地方政府中的上层分裂势力以及其后流亡在外的达赖分裂集团从未停止过分裂祖国的活动，而国际反华势力根据地缘政治和国际战略的需要，变本加厉地以各种方式支持和鼓励境内外分裂势力从事分裂活动。在各种形式的分裂活动中，向精神领域里渗透成为一个重要的组成部分。特别是民主改革以后，逃亡在外的达赖集团及国际反华势力常常聚拢一些所谓的“学者”、“藏学家”，捡拾道听途说的材料，东拼西凑，貌似考据和研究，实则为分裂势力服务。更有一些所谓的“藏学家”，编纂了经过篡改的虚假历史，极力抹杀历代中央政府对西藏行使主权的历史，否定西藏与内地各民族的经济文化联系，并企图从历史领域打开缺口，使分裂活动披上一层纯学术的外衣，以此迷惑欺骗世人。当他们的所谓“研究成果”被揭穿后，便一改“学者”之面孔，别有用心地散布“西藏文化毁灭论”，企图诋毁西藏民族文化的发展与繁荣，以此达到混淆视听的目的。可以说，精神领域里的斗争与近代反对分裂、维护国家统一的斗争相伴随，而修志工作也成为与分裂势力争夺精神领域阵地的重要组成部分。

西藏地方修史编志的传统可以上溯到吐蕃时期，有敦煌所藏8世纪的吐蕃历史文献为证。其后有《西藏王统记》、《西藏王臣记》、《红史》、《青史》、《萨迦世系史》等，文、史、哲合璧为其特色。清代修史甚为普及，乾嘉年间，时任驻藏大臣的和宁、松筠等，有感于藏治任重，国事危艰，疆阔遥远，地理奇险，信息通达阻隔于山川，乃编撰、刊刻《西藏志》、《卫藏通志》、《西招图略》等，记述西藏的疆域、山川、寺庙、天时、物产、边防、粮台、程站等数十目，以供朝廷决断藏事参阅，使官中大臣及国人了解藏地。其后两百多年间特别是近代一百多年来，一些驻藏大臣、边关将领、民国要员等目睹帝国主义入侵日甚、分裂主义势力日见坐大，为了向内地介绍西藏情况，以引起国人对西藏地区的关注，在极为艰苦复杂的情况下，凭借个人热情和毅力，上下察访、广征博览，记事编撰，形成了传于后人的史志著述。较为著名的有李梦皋的《拉萨厅志》，黄沛翘的《西藏图考》，刘赞廷的太昭、察隅、波密、科麦、冬久、硕都等县《志略》，等等。这些以一人之力而成一地之说的著述与大量的藏文史籍一道，客观地记述了西藏的历史沿革、风物人情、地理山川、文化宗教、典章制度等，力所能及地记录了体现中央政府对西藏地方行使主权的宸章、奏牍、遗迹、碑文、石刻等，侧面反映了当时西藏复杂的局势，特别是面临帝国主义入侵和分裂势力企图脱离祖国的危局。但由于当时的客观条件，特别是限于撰修者多方面的局限性，不可能系统地反映劳动人民的生产生活，也难以全面反映西藏的地情、人情、物情和政治、经济、历史、文化、宗教全貌，这些缺憾不仅留下了许多历史领域的空白，也给分裂主义势力编造谎言提供了可乘之机。正因如此，编修西藏社会主义新方志的意义已远远超出文化建设的范畴。

五

鉴于编修西藏地方志对反对分裂、维护祖国统一、促进西藏社会经济发展、存史教化、资政育人的重要作用，自治区党委、人民政府高度重视方志编修工作，并将其纳入重要工作议事日程。政府主要领导亲自挂帅，成立专门机构，动手规划、启动了150多部、总字数达一亿多的社会主义新方志的巨大工程，并组织动员各行各业投入方志的编修，形成了各级领导高度重视、社会各界通力合作编修社会主义新方志的大好局面。志书内容涉及经济、政治、文化、科技、教育、宗教等，领域遍及党务、政务、人大、政协、军事、公检司法、群团民宗、体卫文教、农牧林业、交通能源、邮电通信、经贸旅游、财税金融、城乡建设、水利气象、工商劳动等70多个行业系统和7地市70多个县市，谋篇包括图照、凡例、概述、志、记、人物、图表、附录、索引等，是目前唯一能够充分体现西藏区情及全貌的新型的百科全书。

西藏地方志以马克思列宁主义、毛泽东思想、邓小平理论和“三个代表”重要思想为指导，坚持辩证唯物主义和历史唯物主义，客观地记述和反映党的路线、方针、政策在西藏的光辉实践；记述马克思主义的民族理论同西藏自治区的实际相结合的成功经验；记述和反映自西藏和平解放以来中国共产党领导西藏各族人民进行革命和建设的伟大功绩，特别是客观地反映中国共产党以西藏人民的利益高于一切、以推动西藏社会进步为最高境界的高尚风范和带领西藏人民实现和平解放、进行民主改革、砸碎封建农奴制枷锁、推动社会变革、实行改革开放、促进西藏社会繁荣进步、为西藏人民谋幸福的光辉历史，使后人了解前人的奋斗业绩，从而继承前辈未竟的事业。

西藏地方志积极为西藏经济建设和社会发展、繁荣进步提供智力支持，为社会主义精神文明建设贡献力量。各类志书充分记述西藏经济建设和社会发展的历史轨迹，以丰富的资料、翔实的数据反映经济战线和社会战线所取得的辉煌成就；详细记载西藏的人文、地理、山川、河流、自然气候、经济资源以及能够为西藏现代化建设提供可持续发展动力的人力资源、自然资源、社会资源等，充分反映社会事业发展的历史轨迹、人民物质文化生活的变迁和人民生活水平提高、精神面貌变化的程度。充分反映中央关心西藏、全国人民支援西藏对西藏经济发展和社会进步的巨大促进作用。各专业志以文字、图片、图表的形式实录西藏和平解放五十多年来每一行业的建设数据、发展进程、重大项目建设始末、发展中的经验与失误等，为分析经济发展脉络、预测其前景、判断其发展中的不确定因素、制定科学发展规划提供翔实的资料。

西藏地方志以维护祖国统一为职责，将反对分裂、维护祖国统一、加强民族团结、促进西藏的社会局势稳定作为修志的历史使命和历史责任。志书客观公正地记载西藏地方的主权归属；记载自古以来西藏地方与内地各民族的关系和元代以来西藏地方与中央政府的政治、经济、文化联系；记载历代中央政府在西藏派驻军队，委任驻藏大臣，主持寻访、认定、批准、册封达赖、班禅世系及其他大活佛的历史；记载自近代帝国主义入侵以来西藏地方所面临的反分裂斗争的客观现实以及帝国主义、殖民主义为分裂中国边疆地区所从事的煽动、支持分裂主义分子搞“西藏独立”的史实；客观记述达赖与班禅历史地位及十四世达赖叛逃之后从事分裂祖国活动的基本情况。各专业志和县志将充分收录反映中央政府对西藏地方行使主权的历史文物、遗迹、碑文、石刻等。

西藏地方志以大历史观的视点记述西藏恢弘的历史和丰富的文化，客观地记录西藏的历史、文化、宗教的演变过程及其与中华民族史密不可分的联系，昭示西藏的历史是中华文明史的一部分。充分反映在人类社会漫长的发展进程中，各民族的共同发展构成了中华民族的整体，形成了中华民族统一的历史格局的客观进程。反映在中国几千年的发展史中，各民族相互联系、相互交融、相互促进、相互依存、密不可分的历史实践。

西藏地方志站在历史唯物主义的立场上，对人民群众的历史活动给予充分的反映。本着明古详今、鉴古知今的原则，志书如实地记录人民群众的历史活动，记录当地的行政区划、历史沿革、城垣、民俗、营生、教育、寺庙、艺文、交通、吏治、典章，等等。

鉴古知今、继往开来，西藏地方志经过数年的努力，现已结出了丰硕成果，其间凝聚了各级领导的关爱和广大编撰人员的心血。在各类志书陆续付梓的时候，我们向读者奉上此序，以明修志宗旨，以示修志原则，以彰各界对修志工作的支持和贡献，并通过提挈志书之纲领，向社会和读者推介社会主义新方志的重大成果，为西藏社会局势的稳定、经济的发展和社会主义精神文明建设尽一份力量。

西藏自治区地方志编纂委员会

2010 年 12 月

序

几经努力，《西藏自治区志·检验检疫志》终于面世了。这是西藏和平解放以来第一部全面、系统记载西藏出入境检验检疫工作历史和现状的专业志，它的出版是西藏检验检疫事业发展史上的一件大事，凝聚着西藏检验检疫局170余名干部职工的心血，记载了西藏检验检疫事业发展的脉络，再现了西藏检验检疫机构成长壮大的真实历程。值得庆贺。

西藏出入境检验检疫局是国家质检总局设在西藏自治区主管出入境检验检疫工作的行政执法机构，由原西藏进出口商品检验局、拉萨市动植物检疫局、拉萨市卫生检疫局、樟木卫生检疫局于1999年8月合并组建而成。西藏进出口商品检验工作始于1977年，当时仅能进行几项简单的感官检验；随着西藏改革开放步伐的加快，随着对外贸易的发展，西藏商品检验事业进入了迅速发展的新阶段。通过对进出口商品的监管，保证了进出口商品的质量，维护了对外贸易有关各方的合法权益，促进了对外贸易的发展。西藏境内进出境动植物检疫始于1987年，通过对动植物及其产品的严格检疫和监管，保证了西藏进出境动植物及其产品的安全，促进了贸易。西藏国境卫生检疫始于1977年，通过对出入境人员、交通工具、行李物品的检疫，有力地防止了传染病传播，保护了人民群众的身体健康。“三检合一”后，西藏出入境检验检疫在机构建设、队伍建设、法规建设、设施建设等方面不断发展壮大。通过依法行政，强化执法监督职能和全面推行“一次报检、一次取样、一次卫生除害处理、一次检验检疫、一次收费、一次签证放行”的管理模式，开创了检验检疫事业的新局面。《西藏自治区志·检验检疫志》客观、真实地反映了西藏进出口商品检验、进出境动植物检疫、出入境卫生检疫工作的产生、发展和现状，资料翔实、内容丰富、文字简朴，是体现检验检疫特点和时代特征的一部专业志书。希望能给从事检验检疫工作、外经贸工作、农林牧业和卫生工作、口岸工作的同志以助益。

编撰《西藏自治区志·检验检疫志》，可以贯通古今，统合百科，是承上启下，服务当代，有益后世的大工程。统览志书，人们可以更加了解检验检疫工作、熟悉检验检疫工作、理解检验检疫工作，认识检验检疫工作对国民经济的发展，对消除国际贸易技术壁垒，对保护消费者利益，对贯彻中国的对外交往政策起到了重要作用，从而为检验检疫事业的发展提供更多的支持和帮助，促进检验检疫事业的进一步发展。同时可以增强检验检疫工作者的自豪感和责任感，从而更加热爱检验检疫工作，全身心地投入检验检疫工作，继续奋发前进。

志书承载的是一段辉煌的历史，检验检疫事业还要继续前行。中央第四次西藏工作座谈会和党的十六大以后，西藏在深化改革、扩大开放、实现长治久安和跨越式发展方面取得了举世瞩目的成就，与之相适应的西藏检验检疫工作必将与时俱进、不辱使命。愿以《西藏自治区志·检验检疫志》为鉴，继往开来、勇于实践、开拓创新，为西藏检验检疫事业蓬勃发展再添新篇。

周建安

2007 年 1 月

凡　例

一、本志以马克思列宁主义、毛泽东思想、邓小平理论和“三个代表”重要思想为指导，坚持唯物主义历史观，客观记述历史。

二、本志上限为事物发端，下限至2000年年底。

三、设署名、图照、序、凡例、目录、概述、大事记、附录、索引和编后记等体裁。志体部分按检验检疫专业分类，采用篇、章、节、目结构。

四、本志坚持横排竖写、详今明古、述而不论的原则，以文字记述，图、表、传结合，客观反映西藏进出口商品检验、出入境动植物检疫和卫生检疫事业发展的历史，着力体现检验检疫专业特点。

五、为行文方便，对常出现的机构、行政区划名称等按习惯使用了简称。

六、专业名词、有关数据、计量单位，以全国检验检疫系统使用的标准为准。附录收入重要文献，以自治区人民政府批准发布的法规为主。

七、本志资料主要来源于西藏出入境检验检疫局（以下简称西藏检验检疫局）及其分支机构档案室，并参阅民航西藏区局、西藏自治区农牧厅、西藏自治区卫生厅等部门的有关档案资料。入志资料均经核实。

目　　录

第一篇　商品检验

第二篇　动植物检疫

第三篇　卫生检疫

第四篇 科技与交流交往

第五篇 监督与管理

དཀར་ཆག

ལེ་ཚན་དང་པོ། ཚོང་ཟོག་ཞིབ་དཔྱད་སྐོར།

ལེ་ཚན་བཞི་པ། ཚན་རྩལ་དང་། སྲིལ་རིས། འགྲོ་འོང་བཅས་ཀྱི་སྐོར།

ལེ་ཚན་ལྔ་པ། ལྟ་སྐྱུལ་དང་དོ་དམ་སྐོར།

概　述

一

西藏和平解放初期，根据《中央人民政府和西藏地方政府关于和平解放西藏办法的协议》，1954 年和 1956 年分别与印度、尼泊尔两国签订通商和交通协定，西藏地方与印度、尼泊尔等国的对外贸易和边境贸易得到了进一步发展。西藏地方与印度的大宗贸易主要通过亚东口岸进行交易。到 1961 年，西藏地方对外贸易总额为 13862 万元人民币，属逆差贸易。1962 年，因中印边境武装冲突亚东口岸关闭，西藏地方对外贸易转为以樟木口岸为主的边境贸易和以日本、欧洲为主的一般贸易。1965 年 5 月，中尼公路全线通车后，为发展中尼贸易，一些对外办事机构及有关单位相继成立，并逐步搬迁到樟木口岸开展工作，樟木口岸成为中国与尼泊尔进行政治、经济、文化交流的重要通道。

1977 年 3 月，经自治区卫生厅批准，中华人民共和国樟木卫生检疫所（简称樟木卫检所）成立，与樟木口岸医院一套人马、两块牌子，主要是对经樟木口岸出入境人员进行卫生检疫。7 月，经自治区和国家外贸部批准，自治区外贸公司商检科成立，对外挂牌为中华人民共和国拉萨商品检验局（简称拉萨商检局）。1978 年 6 月 6 日，拉萨商检局发出《关于进出口商品开验的通知》，决定自同年 7 月 1 日起，对进出口商品实施法定检验和督促验收。开验当月，检验发现自治区外贸公司从西班牙进口弹簧扁钢与实际数量相差 1428 千克，出证索赔，赔回货款 842 元西德马克。1979 年 4 月和 11 月，拉萨商检局分别在甘肃省柳园、日喀则地区樟木口岸设立拉萨商检局柳园商品检验组、拉萨商检局樟木商品检验处，对经过甘肃柳园和青海省湟源集散地及经樟木口岸进入自治区的进口物资（主要是金属材料、汽车、农资）进行检验与督促验收。1962 年至 1979 年，樟木口岸进出口贸易总额为 6583 万元人民币，其中进口 3971 万元，出口 2612 万元，为逆差贸易。

1980 年 3 月，经国家进出口商品检验总局（简称国家商检局）批准，拉萨商检局成立，受国家外贸部商检总局和西藏自治区外贸局双重领导，人事、财务管理、商检业务受国家商检局领导，党务、行政管理受自治区外贸局领导。分别在樟木口岸和甘肃省柳园设立樟木商检处和柳园工作组，对进出口商品进行检验。当年受理报验537批，金额1029万元人民币。1983年，拉萨商检局更名为中华人民共和国西藏进出口商品检验局（简称西藏商检局），直接受国家外贸部商检总局管理，自治区商业厅代管。1984年4月，西藏商检局升格为副厅级机构，受国家商检局和自治区人民政府双重领导。根据自治区对外经济贸易发展的需要，12月，自治区人民政府发布《西藏自治区实施〈中华人民共和国进出口商品检验条例〉的办法》。同年樟木卫检所与口岸医院分离，单独开展卫检。为加强对商检工作的领导，1986年3月，国家商检局批准西藏商检局成立党组，对外独立开展工作，明确实行以国家商检局领导为主的垂直管理体系。1987年9月12日，拉萨至加德满都通航，拉萨卫生检疫筹备组、拉萨动植物检疫筹备组开展对出入境人员、交通工具、行李物品、动植物及动植物产品的检疫。1988年3月，中华人民共和国拉萨动植物检疫所（简称拉萨动植检所）成立，受国家动物植物检疫总所和自治区农牧林业委员会双重领导。同时在吉隆、普兰、樟木、日屋设立分支机构。当年拉萨动植检局首次从乘坐加德满都飞往拉萨航班的一位入境旅客携带的水果中截获芒果果肉象甲。11月，中华人民共和国拉萨卫生检疫所（简称拉萨卫检所）成立，受自治区卫生厅和国家卫检总所管理，在职职工3名。

1989年，《中华人民共和国进出口商品检验法》（以下简称《商检法》）发布实施，自治区人民政府办公厅发出《关于学习、宣传、贯彻〈中华人民共和国进出口商品检验法〉》的通知，并召开各级政府、外经贸部门、相关企业等单位参加的宣传贯彻大会。之后，在《商检法》发布实施一周年之际，自治区人民政府组织执法检查，进一步提高各部门贯彻执行的自觉性。随着成套设备大量进口和外商以实物作价投资的不断增多，自治区人民政府又发布了《关于西藏自治区进口成套设备检验、监督管理办法》和《西藏自治区外商投资财产价值鉴定暂行办法》。同时，西藏商检局内部从报验、抽样、检验、签证、批次等多方面制定四十余个管理办法，进一步规范程序，商检工作逐步走上了法制化的管理轨道。

二

20世纪90年代，为推进全区经济快速发展，国家给予西藏自治区外经贸特殊优惠政策，加快了全区外经贸事业的发展。1990年，边境贸易额达902万美元，是1975年的5倍。

1992年1月1日，樟木、拉萨卫检所划归国家卫生部卫生检疫总所统一管理。4月，根据全国动植检系统机构改革的总体要求，拉萨动植检所更名为中华人民共和国拉萨动植物检疫局（简称拉萨动植检局），下属分支机构也相应更名，机构级别、隶属关系均不变。5月，樟木、拉萨卫检所更名为中华人民共和国樟木、拉萨卫生检疫局（以下简称樟木、拉萨卫检局），樟木卫检局升格为正处级机构。6月，樟木、拉萨卫检局扩大职能，加挂中华人民共和国樟木、拉萨进口食品卫生监督检验所牌子。当年，全国卫检系统实行片区管理，西藏卫检机构划归上海卫检局管理。在兄弟省市卫检局的帮助下，西藏卫检局实验室工作有了较快发展，场地、设备、人员和检测方法都得到了较好的落实。樟木卫检局先后建立微生物、细菌、血清学、临床体检4个实验室，有仪器设备25台，能开展出入境人员和口岸卫生从业人员的体检和部分进口食品项目检测。同年国家动植检局授权拉萨动植检局开展对尼泊尔水果、蔬菜和面粉进口销售的审批。

1993年2月，西藏商检局升格为正厅级机构，内设处室逐步完善，下设樟木商检局、普兰商检局、拉萨机场办事处、驻格尔木办事处、驻成都办事处5个县级机构和商检公司（企业单位），商检机构分布在西藏进出口商品集散地和主要口岸，担负着所辖地区和四个一类口岸、一个二类口岸进出口商品的检验、监督管理和鉴定业务，为西藏外经贸部门、出口商品生产企业和进出口商品收用货单位提供把关和服务。同时开展了普惠制产地证签证、外商投资财产价值鉴定、委托检验、流通领域市场检查、进出口商品质量认证、封识管理、检验机构认可、商检公司鉴定业务等多项工作，共受理进出口商品报验2016批，是1980年的3.8倍。6月，拉萨航空口岸正式开放，拉萨动植检局驻机场办事处成立。1993年后，拉萨动植检局先后建立动检实验室和植检实验室，并配置荧光显微镜、微量振荡器、离心沉淀器、解剖镜等一批先进仪器设备。1994年，樟木卫检局共检验出入境旅客13427人。

1995年，西藏卫检机构划归南宁卫检局管理。1997年，西藏卫检局划归成都管理局管理。

1998年，西藏商检局受理进出口商品报验3140批，金额6269.04万美元，分别是1980年的51倍和509倍。1999年，从樟木口岸入境的外国旅客达到7320人次，比1992年增长2.8倍；出入境交通工具11186辆次，比1992年增长8倍；拉萨机场出入境飞机170架次，比1992年增长2.3倍。从樟木口岸出境旅客为21927人，比1994年增长1.6倍。截至1999年8月，樟木卫检局共检疫出入境人员4308682人次，查验出入境交通工具68386辆次，实施传染病监测体检10716人次，预防接种15513人次，监管出入境货物15701.88吨。拉萨卫检局共检疫查验出入境人员155538人次，查验出入境飞机1788架次，传染病监测体检10716人次，预防接种8601人次。

到1999年，西藏商检局共受理进出口商品报验20071批，金额2亿多美元，完成进出口签证18363批，其中签发普惠制原产地证500份，金额1294.27万美元，增强了西藏产品的出口能力，扩大了出口创汇。签发索赔证书375份，索赔金额923.38万美元，拉萨动植检局对116家经营进出境动植物及其产品的单位或个人实施注册登记，并进行年度审验。拉萨动植检局共检疫进出境动物马、骡、驴、牛、羊、鸡、犬、猫等410036匹（头、只）；检疫进出境动物产品111.174万千克；检疫进出境植物及其产品34361批次，8493.007万千克；完成进境审批15227.709万千克。检出进境动物疫病有：口蹄疫、蓝舌病、牛肺疫、布氏杆菌、牛结核病、马鼻疽、鸡衣原体、鸡马立克氏病、鸡新城疫等一、二类传染病23种。检出进境植物病、虫有：谷班皮蠹、芒果果肉象甲、橘小寡鬃实蝇、南亚寡鬃实蝇等一、二类植物危险性病、虫81种。针对尼泊尔、印度动植物疫情较为复杂的实际，采取了大量的检疫措施，截获各种疫情104种，有效地保护了西藏农、林、牧、渔业生产和人体健康，促进了西藏对外经济贸易的发展。樟木卫检局实验室检出入境尼泊尔籍边民霍乱9例，检出乙肝表面抗原阳性143例，检出进口食品中铅含量和色素超标2批次。拉萨卫检局实验室检出入境旅客HIV① 感染者2例，检出梅毒感染者5例，检出乙肝表面抗原阳性96例。樟木卫检局监督进口食品10916.14万千克，退回不合格进口食品1.092万千克，销毁过期、变质进口食品2.699万千克。拉萨卫检局监管进口食品598.772万千克，销毁过期、变质进口食品1620千克。

1999年，西藏商检局有职工97人，是1980年的6.5倍，其中本科以上学历50人，占职工总数的51.5%，中级以上技术职称23人，占职工总数的23.7%，分别是1980年的6倍、16倍。拉萨动植检局有职工32人，其中具有大专以上文化程度的14人，中级以上技术职称9人，分别占职工总数的44%、28%。拉萨卫检局有职工19名，其中大专以上文化程度5名，占职工总数的26%，初级以上职称13名，占职工总数的68%。

1999年，商检局有固定资产1225.68万元，是1980年的20余倍，其中有国家定级实验室3个，未定级实验室2个，仪器设备96台，价值97.31万元人民币。建立了比较完备的仪器测试系统，进出口商品的很多测试项目，逐步由向仪器测试分析转变，由手工操作向自动化方向发展。拉萨动植检系统拥有各种仪器设备71台，价值44.14万元人民币。拉萨动植检局有固定资产759.41万元人民币，其中房屋建筑5691.37平方米。樟木卫检局有固定资产219.23万元人民币，其中办公实验用房598平方米，生活用房669平方米；拉萨卫检局拥有仪器设备23台，价值12.72万元人民币，固定资产491.2万元人民币。

1999年，拉萨动植检局完成《西藏主要口岸及部分地区牦牛主要传染病研究》等相当于省部级科研工作3项，取得科研成果6项，其中《西藏主要口岸进出境尼泊尔动物主要传染病研究》《西藏主要口岸进出境植物及动植物产品病、虫、害调查研究》分获自治区科技进步二等奖、三等奖。拉萨卫检局先后完成了《九例高原旅行者死因分析》，《对1992年至1995年口岸从业人员血清学监测分析》等六篇论文。实验室检验能力的提高，为卫生检疫工作提供了技术保障，保证了卫生检疫执法的科学准确，促进了西藏卫检事业的发展。

西藏商检局遵照党中央关于精神文明和物质文明一起抓的方针，坚持两手抓，

---

① 由国际病毒命名委员会（ICTV）命名为人类免疫缺陷病毒（human inmun odeficieney virus）简称HIV。

把精神文明建设放在突出的地位，树立全心全意为人民服务的思想，培养廉洁、高效、积极进取的工作作风，努力造就一支有理想、有道德、有文化、有纪律的商检职工队伍。西藏商检局先后有5人次分别获得“自治区先进工作者”、“全国商检系统先进工作者”、“西藏自治区民族团结先进个人”等称号；4人次被西藏自治区直属机关委员会评为“优秀党员”或“优秀党务工作者”；7人次分别获得“自治区一五、二五普法先进个人”、“自治区档案工作先进个人”、“自治区新闻工作先进个人”、“自治区税收、财务、物价大检查先进个人”。驻成都办事处被评为“全国商检系统先进集体”，普兰商检局被评为“全国民族团结先进集体”称号，西藏商检局被评为“自治区‘一五’普法先进集体”、“自治区‘二五’普法先进集体”。

三

根据全国人大九届一次会议关于“实施口岸机构改革，增进效能”的精神，国务院决定将国务院有关部门设在西藏的出入境卫生与食品监督检验、动植物检疫和进出口商品检验机构（简称“三检”机构）合并，1999年10月18日，组建西藏出入境检验检疫局（简称西藏检验检疫局），为国家出入境检验检疫局（简称国家检验检疫局）的直属机构，由国家检验检疫局直接领导，西藏检验检疫局内设办公室、综合业务处、卫生与食品检验监督处、动植物检验检疫处、检验鉴定处、检务处、人事处、财务处、机关党委办公室（政工处）和监察审计室10个处（室），设立检验检疫技术中心、西藏国际旅行卫生保健中心、机关服务中心3个事业单位，下设中华人民共和国樟木出入境检验检疫局、中华人民共和国普兰出入境检验检疫局、中华人民共和国西藏出入境检验检疫局驻贡嘎机场办事处、中华人民共和国西藏出入境检验检疫局驻成都接待处4个分支机构。截止到2000年年底，西藏检验检疫局有职工158人。其中离退休职工18人，在职职工140人中，大专以上文化程度78名，占职工总数的55.7%，高级技术职称5名，占职工总数的3.6%，中级技术职称33名，占职工总数的23.6%，处以上干部41名，占职工总数的29.3%。全局职工平均年龄35岁，形成了一支文化素质较高、专业结构合理、梯队建设衔接的干部队伍。

西藏检验检疫局成立后，其业务实行新的运行管理机制，一是确定“先报检，后报关”的报检机制，建立以“出入境检验检疫通关单”通关的统一的通关制度；二是全面推行一次报检、一次计收费、一次抽采样、一次检验检疫、一次卫生除害处理、一次发证放行的“六个一”管理模式；检务管理实现检验检疫通关方式的统一，签证流程管理的统一，证书格式内容的统一，证书管理印刷的统一，收费标准、收费管理的统一，数据统计的统一，计算机应用管理程序的统一；三是加强风险分析和前期监管与后续管理；四是根据疫情、商品质量和企业(货主)的生产经营信誉状况，积极推行分类监管制度；五是坚持以产地检验检疫为主、产地检验检疫与口岸查验相结合的原则；六是积极推行企业（货主）自控和出入境检验检疫机构依法把关相结合的监管办法。同时，强化出入境检验检疫机构的执法监督职能，切实加强对涉及健康、卫生、安全、环境保护以及与国计民生关系密切的重要对象的监管工作。将原“三检”机构承担的纯技术、辅助性职能，交由新组建的出入境检验检疫局下属技术保障等事业单位承担；非法定检验检疫、鉴定和委托检验、鉴定、涉外资产评估、卫生除害处理等职能，交社会中介组织或企业承担。1999～2000年，西藏检验检疫局检验检疫进出口商品9897批，货值22387.96万美元；检疫出入境动物37769头（只），检疫出入境植物780批；检疫查验出入境人员207975人次，检疫查验运输工具14727辆（架）次，实施传染病监测体检1981人次。查获不合格进出口商品9批次，检查口岸卫生状况不合格14次，查出不合格进口食品6.85吨。

西藏检验检疫局财务管理按国家检验检疫局规定，实行国家行政机关收支两条线管理，收入全部上交国家财政，支出实行定额包干和专项补贴制度。到2000年年底，西藏检验检疫局有固定资产3000余万元，其中仪器设备250余台。已初步建立了检验检疫综合实验室、HIV检测实验室和保健中心实验室，基本形成了检验检疫技术保障体系。

四

出入境检验检疫工作是扩大对外开放，加强与国际经济交流合作的重要途径，在改革开放和经济建设中发挥着重要作用。在党中央的关心、全国各族人民的支援、自治区党委和自治区人民政府及国家出入境检验检疫局的领导下，西藏出入境检验检疫局以经济建设为中心，坚持改革开放，坚决反对分裂、维护祖国统一和民族团结，保证了西藏出入境商品、动植物及人员的安全和健康。特别是在中共十一届三中全会以后，在全国商检、动植检、卫检部门的大力支持和无私援助下，西藏商检、动植检和卫检事业得到快速发展，为西藏经济社会的繁荣与发展作出了积极贡献。

面向21世纪，西藏检验检疫局将抓住机遇，迎接挑战，紧紧围绕自治区“一个中心、两件大事、三个确保”的目标，继续深化改革，开拓进取，推动检验检疫工作上新台阶，为西藏社会的长治久安和经济跨越式发展，作出更大的贡献。

第一篇
商品检验

从18世纪开始，对到藏的外国游客、探险者，视情由西藏地方政府对其随身携带商品进行一定检验。20世纪初，伴随亚东口岸、江孜商埠的开放，进出口岸的商品量、品种增加，根据需要由地方政府或清朝中央政府派驻官员进行例行检验。

和平解放后，由外贸、商业部门承担进出口商品的检验工作，但不十分规范。1977年组建西藏商检局后，西藏的商品检验开始逐步进入制度化、规范化。1978年正式受理进出口商品报验，开展检验出证工作。1980~2000年，西藏商检局先后开展进口商品、出口商品、委托、普惠制、外商投资财产价值鉴定等5种报验；共计受理进出口商品报验20071批，金额逾2亿美元。其中签发普惠制原产地证500份，金额1294.27万美元。

1976~2000年，西藏商品检验采取以自验为主、共验与自验相结合、检验中以感观和理化检测相结合的方式。主要依据合同、信用证、发票、装箱单、磅码单以及国家规定的有关标准，开展对进口粮油食品、家用电器、金属材料、轻纺产品、化矿产品、机动车辆、成套设备和出口纺织品、矿产品、中药材、羊绒毛、藏毯、松茸、皮革进行品质(规格)、数/重量、包装以及是否符合安全、卫生要求等方面进行检验。共计完成检验签证18363批，其中签发索赔证书375份，索赔金额923.38万美元。

到2000年年底，西藏商检局共检验进口粮油食品1534批次、15484.33万吨、592.92万美元，家用电器65批次、14431台、9688.05万美元，金属材料20313.64吨、582.54万美元，轻纺产品29批次、146万美元，化工产品23批次、532万美元，机电仪器、车辆623批次、3189万美元，成套设备13批次、3931万美元，共检验出口纺织品7731批次、15341万美元，中药材121批次、1434万美元，羊绒毛914批次、13810万美元，藏毯264批次、603万美元，松茸684批次、240万美元，皮革151批次、498万美元。

第一章　检　　务

第一节　受理报验与计收费

一、受理报验

1977年7月，西藏自治区外贸公司商检科成立，对外挂牌为拉萨商检局，主要工作为培训人员，为开验做准备。

1978年6月，拉萨商检局发出《关于进出口商品实施开验的通知》，决定从7月1日起，对进出口商品实施法定检验和督促验收，并制定了《报验须知》，规定出口商品检验须填写出口报验申请单，申请单内容各项目应填写齐全、清楚，进口商品检验须填写进口报验申请单，并附上合同、发票、运单、进口货物明细单、装货清单等。

1978年7月，受理西藏自治区外贸公司从西班牙进口的弹簧扁钢货件，计1428公斤。至1980年2月，拉萨商检局受理报验的商品主要是国家计划额度的金属材料、汽车、农资、布料等进口物资，受理报验地点在拉萨，检验地点在甘肃柳园和樟木口岸，主要报验单位是自治区外贸公司。这一时期受理报验的数量较少，金额小。1980年3月，拉萨商检局正式成立，同时在甘肃柳园和樟木口岸正式设立工作组和检验处，受理进出口商品报验，其受理报验的数量、金额和商品种类、报验单位数量等都有了较大的增加。

根据西藏自治区进出口商品报验中发现的问题，1985年7月，西藏商检局制定了《西藏地区进口商品报验、申报须知》，并启用了经过修改的“进口报验申请单”，检验仍以国家、西藏计划进口商品和樟木口岸的少量边贸进口商品为主，共受理报验537批，金额1029万元人民币，其中进口177批，出口360批。

1987年7月7日，西藏商检局向各外贸公司下发《商检报验员管理办法》，对报验员条件、报验员资格、报验员的法律责任及职责、报验员注意事项做了明确规定。

1992年1月28日，根据国家商检局的有关通知要求，西藏商检局开始使用全国统一的新格式的出口商品检验申请单、进口商品检验申请单、委托检验申请单、一般原产地证明书/加工装配证明书。1992年12月25日，西藏商检局获国家商检局出口商品普惠制产地证手签权。1992年12月27日，西藏商检局制定《普惠制产地证申报须知》，开始受理出口商品普惠制产地证的报验，并启用普惠制产地证明申请书。

1992年12月27日，西藏商检局制定《报验规定》。《报验规定》对报验单位资格、报验范围、商检机构不予受理报验的情况、报验时限、接受报验的要求、报验的注意事项，出口证单期限等做了规定。这一规定一直沿用至1999年10月。其主要内容为：在出口报验时，报验人应提供外贸合同、信用证、出口货物明细单；凭样成交的，提供成交小样，必要时还应提供对外寄发的产品规格说明书、宣传品及其他函件；在进口报验时，报验人应提供成交合同、提单、发票、装箱单、码单、国外检验证书、国内港务等有关部门的货物证明等。受理报验人员必须详尽审核报验单是否填写清晰正确，提供的报验资料是否齐全可靠，并及时做好登记分类，向检验部门交办检验鉴定工作。

1994年3月27日，西藏商检局开始受理外商投资财产价值鉴定的报验，同时启用外商投资财产价值鉴定申请单。

1980～1999年受理报验进口商品8550批，出口商品11207批。具体情况见表1－1－1。

1980～1999年受理报验进出口商品批数统计表

表1－1－1

项目数量 年份	受理报验批数	进口	出口
1980	537	177	360
1981	155	119	36
1982	188	134	54
1983	220	170	50
1984	201	143	58
1985	285	243	42
1986	674	221	453
1987	640	158	482

续表

年份＼项目数量	受理报验批数	进口	出口
1988	501	227	274
1989	631	302	329
1990	1818	1025	793
1991	734	353	381
1992	1549	670	879
1993	1981	675	1306
1994	1664	1184	480
1995	428	228	200
1996	265	88	177
1997	3279	1385	1894
1998	3140	653	2487
1999	867	395	472

二、计费

根据《商检法》及《中华人民共和国进出口商品检验法实施条例》（以下简称《实施条例》）规定，对进出口商品检验进行收费，收费项目有进口商品检验费、出口商品检验费、签证费、鉴定费、委托检验费等。检验收费基本以货物总值为基础，按费率计收或以重量、数量、鉴定项目为基础定额计收。当个别企业报验时使用假合同、假发票、高价低报时，可参照海关估价，对低于海关估价的货物按照海关估价计费。收费对象为向商检机构申请检验、鉴定等业务的货主及其代理人，计费工作由检务处负责。

1979 年 3 月 1 日，根据国家外贸部有关规定，拉萨商检局正式对进出口商品检验、鉴定工作实行收费。为加强计收费管理，制订《进出口商品检验鉴定收费有关规定》及《进出口商品检验鉴定收费表》，当年收取检验费 2.06 万元。

1986 年 8 月，西藏商检局下发《关于收取检验费执行标准的通知》，规定进口商品检验按商品总值的 5%收取，出口商品按商品总值的 2.4%收取。当年收取检验费 2.24 万元，首次突破 10 万元。

1988 年 1 月 15 日，国家商检局、物价局、财政部联合下发《进出口商品检验鉴定工作费率表》，结合西藏地区实际情况，西藏商检局制订《西藏地区进出口商品检验、鉴定收费办法》，当年收取检验费12.79万元。

1989年12月，西藏商检局正式开展对外委托检验业务，经请示自治区物价局，开始对委托检验进行计费。随着委托检验业务的开展，检验费有一定幅度的增长，当年收取检验费17.70万元。

1990年3月20日，西藏商检局、自治区物价局联合下发《委托检验收费标准》和《西藏自治区进口商品检验、鉴定收费办法增补规定》，当年收取检验费17.74万元。

1992年，由于国家给予西藏自治区外经贸特殊优惠政策，西藏外贸有了比较大的发展，西藏商检局检验费收入大幅增长，当年收取检验费34.27万元。

1993年4月17日，自治区物价局批准发布西藏商检局制订的《商品检验委托检验收费表》，西藏地区部分边贸商品委托检验费工作按此标准收费。由于特殊政策的进一步贯彻实施，进出口商品检验工作量迅速增长，检验费大幅度增加，当年收取检验费77.66万元。

1996年9月24日，根据《商检法》第六章第三十条和自治区物价局的有关规定，西藏商检局制订了《空港进出口商品检验收费办法》。西藏商检局机场办事处空港检验工作鉴定收费按此规定计收。当年收取检验收费87.45万元。

1997年5月14日，西藏商检局下发《关于检验、鉴定计收费有关问题处理的规定》，决定收费统一按《国家计委、财政部关于发布进出口商品检验鉴定收费办法及收费标准的通知》执行，并取消原自治区物价局规定的加急费、签证工本费的收取。该收费标准使用至2000年年底。其主要内容见表1－1－2。西藏商检局在内地办事机构业务量大幅度提升，1997年收取检验费138.16万元，首次突破100万元大关。

1998年3月9日，根据国家商检局有关文件精神，西藏商检局开始执行国家计委、财政部第一批有关降低22项收费的标准的规定。当年收取检验收费157.93万元。

1999年，西藏商检局强化检验管理，严格计收费工作。随着西藏外经贸量的大幅度增长，检验费也增加很多，当年收取检验收费405.53万元。

2000年，西藏出入境检验检疫局成立，检验检疫业务深度融合。但检验检疫收费仍按1997年国家计委、财政部关于进出口商品检验鉴定收费办法和标准执行。当年收取检验检疫收费531.35万元。

进出口商品检验鉴定收费标准

表 1－1－2

编号	名称	计费单位	收费标准	最低费额(元)	备注
一	进出口商品品质检验				
1	植物产品(H.S 第二类) 鞋、帽类(H.S 第十二类) 磨料、磨具、水泥、陶瓷类(H.S 第五、十三、十四类部分商品) 羽绒制品、灯具、玩具、(H.S 第二十类)				
2	石油、煤炭类(H.S 第五类)	商品总值	2.0‰	100	
	其他商品	商品总值	2.5‰	100	
二	鉴定				
(一)	重量鉴定				
1	衡器鉴重	毛重每公吨	0.30 元	50	定量包装商品收取一定比例推算全批重量的，按毛重每公吨 0.1 元计费
2	容器计重	每公吨	0.20 元	50	纸浆计重，按毛重每公吨 1.0 元计费
3	水尺计重	每公吨	0.10 元	50	
4	流量计计(鉴)重	每公吨	0.07 元	50	
(二)	数量鉴定				1000 元以上每增加 100 件加收 2 元，不足 100 件的，按 100 件计算
	100 件以下	批	10 元		
	101～500 件	批	15 元		
	501～1000 件	批	20 元		
(三)	包装鉴定				
1	危险货物包装				
(1)	性能鉴定				
a	钢桶(罐)、钢塑桶(罐)跌落试验	每项	150 元		
	渗漏、液压、堆码	每项	100 元		
b	塑料桶(罐)				
	跌落试验	每项	500 元		
	渗漏、液压	每项	100 元		
	堆码试验	每项	1500 元		
c	木质箱、纸箱、水桶 纤维板桶				
	跌落试验	每项	150 元		
	堆码试验	每项	100 元		

续表

编号	名称	计费单位	收费标准	最低费额(元)	备注
d	纸袋、塑料编织袋				
	跌落试验	每项	100元		
e	集装袋				
	顶部吊拉试验	每项	200元		
	撕裂试验	每项	100元		
	跌落试验	每项	150元		
	拽落试验	每项	100元		
	正位试验	每项	100元		
	堆码试验	每项	100元		
(2)	使用鉴定				
a	纸箱、纸袋、麻袋				
	塑料编织袋	每件	0.03元	30	
b	其他		0.07元	30	
2	一般商品运输包装				
(1)	性能鉴定				
a	开口钢桶				
	50升以下	个	0.03元	20	
	50升以上(含50升)	个	0.05元	20	
b	闭口钢桶、铝桶、镀锌桶				
	200升以下	个	0.05元	20	
	200升以上(含200升)	个	0.10元	20	
c	钢塑复合桶				
	100升以下	个	0.08元	20	
	100升以上(含100升)	个	0.10元	20	
d	集装袋	个	0.20元	20	
e	塑料桶				
	26升以下	个	0.03元	20	
	26升~50升以下	个	0.07元	20	
	51升~100升以下	个	0.10元	20	
	100升以上		0.15元	20	
f	纸箱				最大综合尺寸是指长、宽、高之和
	最大综合尺寸1001毫米以下	个	0.01元	20	
	最大综合尺寸1001~2000毫米	个	0.03元	20	
	最大综合尺寸2001毫米以上	个	0.05元	20	

续表

编号	名称	计费单位	收费标准	最低费额(元)	备注
g	木箱				最大综合尺寸是指长、宽、高之和
	最大综合尺寸 2001 毫米以下	个	0.02 元	20	
	最大综合尺寸 2001 ~ 3000 毫米	个	0.05 元	20	
	最大综合尺寸 3001 毫米以上	个	0.08 元	20	
h		个	0.01 元	20	
i		个	0.02 元	20	
j	纸塑复合袋、塑料编织袋				
	麻袋	个	0.05 元	20	
	圆纸桶	个	0.10 元	20	
	50 升以下(含 50 升)				
	50 升以上				
(2)	使用鉴定				1000 件以上,每 100 件加收 2 元,不足 100 件的以 100 件计
(四)					
1			50 元		按实际舱位
2	船舱检验	每舱	100 元		
3	清洁	每舱	100 元		
	密固(不包括清洁)	每舱			
(五)	冷藏仓(包括清洁、舱温)	每舱	50 元		
(六)	飞机货舱检验清洁	每车	50 元		
(七)	槽车清洁检验	每厢	50 元		
(八)	机械列冷藏厢验清洁、温度				20 英尺为标准箱,40 英尺为两个标准箱
	集装箱检验				
1			10 元		
2		每标准箱	20 元		
3	普通集装箱验清洁		20 元		
	冷藏集装箱验(清洁、温度)				
三	罐式集装箱验箱(清洁)				
四	安全(卫生)				按实际成本核收
	其他				
	直径 60 毫米	每个	0.20 元		
(四)	免验				免验商品出口不收检验费,换证时只收证费
1	申请		100 元		包括生产条件、实验室等的考核,距离是指商检机构与生产企业之间的距离
2	考核				
	200 公里以内		500 元		
	200 公里以外		1000 元		

续表

编号	名称	计费单位	收费标准	最低费额(元)	备注
3	样品检测				按规定的收费标准收取
(五)	复验				
	申请		200元		
	检验				以初验时货物总值为基数按复验的项目计费,再次复验,重新计费
(六)	复议				
1	申请		200元		
2	办案				按合理支出计收
(七)	封识				
1	封识劳务	每人每日	30元		半日减半计算
2	封识材料				
(1)	封条	每条	0.02元		大的加倍收费
(2)	钢卡	每个	1.00元		
(3)	铅丸	每粒	0.04元		
(4)	不干胶印纸	每个	0.04元		
(5)	陶瓷用不干胶纸	每个	0.15元		

第二节　签证放行

1978年7月，拉萨商检局对进口钢材检验结果出证，由专职人员负责签发。对进口西班牙弹簧钢短重签发了对外索赔证书。以后大部分进出口商品检验签证以放行单为主。1980年5月至1983年3月，在业务科内设专职人员负责签发证书。1987年3月至1994年12月，在办公室设专职人员管理签证工作。1995年1月至1996年10月，设检务处管理签证工作。1996年11月至1998年3月，设检务科技处检务科管理签证工作。1998年4月至1999年12月，设检务处统一管理签证工作。其中一般原产地证的签证始于1988年，普惠制原产地证的签证始于1992年12月。

国家商检局在各个不同时期，对签证工作都有明确规定。西藏商检局根据国家商检局有关签证工作的指示精神，结合西藏商检签证工作实际，对进出口检验签证和委托检验签证做了一些具体规定。

一、出口签证

每一批出口商品检验完毕后，在检验证书上都要用文字直叙，或以数据表示其质量情况，作为签证放行的依据，最后要根据检验依据进行评定，做出结论。海关凭商检机构签发的出口商品检验证书、放行单、通关联或在报关单上加盖印章验放。

1992年8月13日，西藏商检局制订下发《签证管理办法》和《签证人员的职责》，对主任检验员、主任兽医、主任鉴定人、翻译人员、复审校对人员、制证人员的职责都做了详尽的规定。《签证管理办法》中对出口商品证书稿检验结果按根据规定填写；重量、数量栏，应填明包装种类，如“箱”“包”“件”等；包装情况除应叙述包装外观情况外，如进行了运输包装性能检验的，应加上“依据出口商品运输包装检验标准检验合格”评语。

出口商品检验证书的签发份数，应根据合同、信用证或外贸经营部门的要求确定。通常情况下，只签发正本一份、副本若干份。

凡经西藏商检局检验或查验不合格的出口商品，检验处要出具结果单，由检务处签发《不合格通知单》。1980~1999年西藏商检局对出口商品签发检验证书10664份。具体情况见表1-1-3。

1980~1999年西藏商检局出口商品签证情况表

表1-1-3

类别 年份	出口（份）	放行单（份）
1980	360	189
1981	36	30
1982	54	50
1983	50	37
1984	58	51
1985	42	36
1986	453	410
1987	482	435
1988	274	258
1989	329	307
1990	793	753
1991	381	342
1992	879	819
1993	1306	1286
1994	480	460

续表

年份＼类别	出口（份）	放行单（份）
1995	428	403
1996	177	158
1997	1849	1854
1998	2162	/
1999	71	11

二、进口签证

进口商品检验完毕后，要严格按照合同、标准规定或成交样品按照合同进行评定。合同中要标明有免赔率、标准中有误差、检验仪器和检验方法有允许误差范围规定的，其品质差异在规定幅度以内的，应作为合格品处理；没有明文规定的，可参照国际惯例办理。

对检验不符合合同规定的进口商品，商检证书稿上应列明合同规定品质项目的数据。有些商品没有具体数据的，可用文字直叙，指明不合格的原因，确定责任方，并提出“影响使用”、“规格不符”、“降级降等”等结论性意见。总之，应针对检验结果不符合合同规定的具体项目做出具体结论。1980～1999年西藏商检局对进口商品签发检验证书7699份。具体情况见表1－1－4。

1980～1999年西藏商检局进口商品签证情况表

表1－1－4

年　份	进口（份数）	年份	进口（份数）
1980	177	1990	1025
1981	119	1991	353
1982	134	1992	670
1983	170	1993	675
1984	143	1994	1184
1985	243	1995	228
1986	221	1996	88
1987	158	1997	1385
1988	227	1998	165
1989	302	1999	32

三、委托检验签证

1989年，西藏商检局正式开展委托检验业务，对外签发委托检验证书，作为生产部门和外贸部门对外报价、质量成交、收购货物的依据。委托的单位主要是执法部门，偶尔接受进出口企业的委托预检。

委托检验需填写“委托检验申请单”，检验完毕后，西藏商检机构依据实际结果签发委托检验结果单，供其了解该商品的品质情况，检验结果仅对样品负责。

四、检验签证周期

1990年10月13日，根据国家商检局有关文件精神和西藏地区实际情况，西藏商检局制订《西藏商检局部分商品检验签证流程时限表》，具体内容见表1－1－5、表1－1－6。

西藏商检局进口商品检验签证流程时限情况表

表1－1－5

类别	品名	检验签证周期（天）
轻纺产品	呢子	15
五金矿产品	镀锌铁皮	15
机电产品	汽车	15
粮油产品	大米	15

西藏商检局出口商品检验签证流程时限情况表

表1－1－6

类别	品名	检验签证周期（天）
轻纺产品	服装、坯布	7
机电产品	小型成套设备、电机	7
化工产品	汽油	7
五矿	铬矿	7

备注：1. 进口商品除以上商品检验签证周期规定为15天外，其余商品检验周期为7天。
2. 出口商品除以上商品检验签证周期规定为7天外，其余商品检验签证周期规定为3天。

五、普惠制原产地证

中国从1979年开始接受国际上各给惠国的普惠制关税优惠待遇。截止到1998年，有27个发达国家（给惠国）给予中国普惠制关税优惠待遇，包括法国、英国、爱尔兰、德国、丹麦、意大利、比利时、卢森堡、荷兰、希腊、西班牙、葡萄牙、奥地利、瑞典、芬兰、瑞士、挪威、日本、加拿大、澳大利亚、新西兰、俄罗斯、白俄罗斯、乌克兰、波兰、捷克斯洛伐克、哈萨克斯坦。中国政府授权国家商检部门为中华人民共和国惟一的普惠制官方签证机构。西藏商检局于1989年6月开始进行此项工作的准备。1990年派员参加国家商检局举办的普惠制培训班，1992年12月，西藏商检局正式开展普惠制产地证的签证工作。第一位向国外注册的手签人员为闫俊，以后又陆续增加张华荣、旦真次仁。

1992年12月25日，西藏商检局为落实《签发旅游零售商品普惠制原产地证明书的管理规定》，做好旅游零售商品普惠制业务，对西藏自治区对外贸易有关单位和接待旅游者的饭店进行宣传、讲解，发放了大量宣传册子。

1990～2000年，西藏商检局签证的出口商品主要是藏毯、卡垫、皮张等，销往国家有德国、美国、日本、加拿大、法国、意大利、荷兰、瑞士、奥地利。1990～1999年西藏商检局共签发普惠制产地证500份，出口商品金额1294.27万美元，具体情况见表1－1－7。

1990～1999年西藏商检局普惠制产地证签证统计表

表1－1－7

项目 年份	签证量（份）	出口商品金额（万美元）
1990	26	96.4
1991	29	108.7
1992	57	150.6
1993	44	130.4
1994	13	33.2
1995	14	37.6
1996	23	122.6
1997	12	34.7
1998	269	580.07
1999	13	/

六、一般原产地证

西藏商检局从1988年开始签发原产地证书，为规范原产地证签证工作，1992年6月9日制定下发《西藏商检局原产地证管理办法》。一般原产地证签证工作由检务部门办理。签证的主要商品有大蒜、地毯、棉布、皮张、原木、虫草、盐渍蕨菜、松茸、微菜干、当归、黄芪、茯苓、核桃仁、松香、桂皮、花生仁。签证出口商品主要国家有尼泊尔、日本、新加坡、西德国、马来西亚、泰国、加拿大。1988～1999年西藏商检局签发一般原产地证2408份，出口金额为2609.36万美元。具体情况见表1－1－8。

1988～1999年西藏商检局一般原产地证签证统计表

表1－1－8

年份＼项目	签证量（份）	出口金额（万美元）
1988	29	50.8
1989	38	54.7
1990	245	290.6
1991	501	486.4
1992	496	506.3
1993	517	493.2
1994	398	409.6
1995	23	38.5
1996	12	25.9
1997	38	48.2
1998	83	205. 16
1999	28	/

注解：①普惠制既普遍优惠制，是发达国家给发展中国家出口的制成品和半制成品实行减负关税进口的制度。

②出口商品的产地证明书，是世界各国实行进口贸易管制和配额管理的一种手段，又是海关凭以核定减免进口关税的有价证件。许多进口国海关对产地证的审查十分严格，没有产地证或发现证明内容不真实、签证不完备的，就退证、拒付或不准货物通关入境。不少出口国家和地区，也十分重视产地证的签发管理工作，制定有严格的管理法令和制度，把它作为争取享受优惠、增收外汇、扩大出口、发展外贸的一个重要管理制度来对待产地证的签证机构，按照国际惯例，一般要求由进口国驻出口国的使领馆签发或认证，或由出口国官方公正鉴定机构与商会团体签发。

第三节　商检证书

商检证书是进出口商品检验、鉴定的全部工作的集中反映，是代表国家对外做出证明的涉外文件，是国际贸易中具有法律约束力和经济效用的重要单据凭证。西藏商检局除对证书的管理、使用等严格按国家商检局的统一要求外，还根据自身实际，制订了一些管理措施。

一、管理

1982 年 3 月，西藏商检局制订下发了《加强空白证书管理办法》。为贯彻落实检务会议精神，1989 年年底西藏商检局组成工作小组对证书进行全局检查，强化空白证书的管理工作。1990 年 3 月，西藏商检局规定商检空白证书统一由检务处集中管理，设专人专库保管空白证书；对新证书登记造册，按类分别上架；对已废的旧证书统一由检务人员与打字员明确交接责任，打证前，检务人员配好证书，交打字人员打印，对绘制错误的证书要退回检务部门，检务人员每季度对证书进行分析、统计，废证书及时销毁。

1997 年 11 月 24 日，西藏商检局制订《西藏商检局证单管理办法》和《西藏商检局证单领用核销制度》。各种商检证书，不允许任何毁坏、涂改或丢失。如发生丢失或其他问题应及时报告，进行查处。造成损失的追究当事人的责任。

二、标记

1. 名头

证书名头随商检机构名称的变化而变化。1980 年 10 月，中华人民共和国拉萨进出口商品检验局成立，证书冠“中华人民共和国拉萨进出口商品检验局”名头。1983 年 10 月改称中华人民共和国西藏进出口商品检验局，所用证书名头也随之改变。

2. 徽记

1950 年 11 月，根据政务院财经委员会关于“商检证书可以用国徽”的规定，商检证书印有国徽。1955 年，经国务院批准，商检证书停止使用国徽，改用商检局局徽。“文化大革命”中，商检局局徽被取消，对外签发的商检证书只有商检局印章。1981 年开始使用“中国商品检验局”的英文缩写“CCIB”首先使用在对外函电上，之后又用于商检证书上。

3. 文字和文本

1974 年出口检验证书文字均以中文为准，如有些国家需要英文、法文或俄文时，可以出具英文、法文或俄文译本的检验证书，原则上不接受其他文字的译文要求。1981 年以后，出口商品检验证书排印中英文合璧本和英文本两种，一般用英文签证。如果合同、信用证均为中文或合同要求使用中文本的，也可用中文签证。进口国有法令或客户要求用其他文种的，在力所能及的范围内配合签证，条件不具备时，可用中英文合璧本。进口商品检验证书，除索赔、结算证书外，一律使用中英文合璧本。鉴定证书用英文本。

对外签发的检验证书，一般为一正三副。每批商品只能签发一份正本，不能同时签发两份正本和两种文字的正本。

4. 签署

1951～1978 年，对外签发的证书一律采取名章（主任或局长名章）。1979～1999 年，采用国际通用方式，由负责审核检验结果和评定结论的技术人员（主任检验员、主任兽医、主任鉴定人）用手书签名。

三、种类

根据西藏外贸工作的需要和特点，西藏商检局签发的证书有进口商品品质、数/重量、残损等《检验证书》，进口商品《检验情况通知单》，出口商品品质、数/重量、卫生等《检验证书》，兽医《检验证书》，《出口商品放行单》，《出口商品检验换证凭单》，《一般原产地证明书》，《普惠制产地证书格式 A》等。

第二章　进口商品检验

第一节　粮油食品检验

西藏自治区进口粮油食品主要从尼泊尔经樟木口岸运至西藏各地，进口粮油食品的主要品种有大米、小麦面粉、植物油、黄豆、花生仁（果）、白糖、红糖、酥油、饮料、扁豆和咖啡。其中以大米、小麦面粉、植物油为主，占全部粮油进口量的80%以上。

西藏商检局依据进口合同和国家相关检验标准SNO180—92，SNO170—92，SNO175—92，SNO169—92，SN/TO230.1—93，SN/TO230.2—93，SN/TO229.1—93，SN/TO229.2—93和SN/TO231—92等对进口粮油食品进行检验。

主要检验大米的外观色泽、气味、水分、杂质、碎粒、不完善粒、虫害；面粉气味、水分、灰分、面筋质、细度；大豆的外观气味、水分、杂质、不完善粒、虫害；花生仁（果）的外观气味、水分、杂质、不完善粒；椒干色泽、气味、杂质、水分、不完整椒；白糖水分、杂质、施光度等。

对进口粮油食品进行检验和监督管理工作始于1978年9月，主要由樟木商检局实施检验。

1978～1982年，西藏商检局检验各类粮油食品共5509.7吨，价值490万元。粮油食品检验采取批批检验。1982年，为加强对进口粮油食品的检验把关和监管工作，西藏商检局与青岛商检局协商，派人前往青岛商检局学习粮油食品检验技术。

1983年，经樟木口岸进口的大米，在检验中发现有12批计960吨，含黄粒米和霉变粒超标，不能使用。及时出具了检验不合格证书。

1985年，经樟木口岸进口的大米，在检验中发现有10批计1131吨不合格。向国外索赔3批，赔回人民币2400元。

1986～1999年，经樟木口岸进口的粮油食品，在检验中发现有146批不合格。存在问题主要水分含量超标，霉变严重，不完善粒超标等。对于不合格的粮油食品，由商检局出具证书后，贸易双方进行妥善处理。

1986～2000年进口粮油食品1554批次，15484.33吨，592.92万美元。具体情况见表 1－2－1。

1986～2000 年进口粮油食品检验情况表

表 1－2－1

年份	批次	重量（吨）	金额（万美元）
1986	15	355	6.22
1987	19	141.33	27.33
1988	9	86	11.28
1989	7	316	28.22
1990	139	1056	64.96
1991	210	2430	75.31
1992	245	2478	76.42
1993	258	2509	80.74
1994	254	2496	78.95
1995	276	2613	90.53
1996	102	1004	52.96
1997	/	/	/
1998	/	/	/
1999	/	/	/
2000	/	/	/

第二节　家用电器检验

家电检验始于 1985 年，当年检验家电 23 批。只做外观检验、通电试验和查证工作。以后，进口家电量增加，为加强对家电的检验管理，1985 年西藏商检局对进口家电实施全面监督管理。10 月 16 日，自治区外经贸厅转发外经贸部、商业部、国家商检局《进口家用电器检验管理暂行办法》。根据此办法，于 1987 年 6 月 3 日发布《西藏格尔木进口家用电器的管理办法的通知》，《通知》对西藏经格尔木进口的家用电器的检验、收费及监督管理工作做了一系列的规定，使西藏地区家电的检验监督基本纳入正规化管理。

1987 年，自治区大量进口日本电视机、电冰箱、洗衣机等家用电器，当年，西藏商检局完成家电检验 4052 台，1989 年完成家电检验 4180 台。

1990 年 5 月 1 日起，樟木商检局开始对进口的五种商品进行质量许可证制度管理，对获得进口商品质量许可证书，并使用安全标志的商品准予进口，这其中包括进口彩色电视机、电冰箱等家用电器。自此，樟木口岸进口家电检验管理逐步走向正规化。

1991 年以前，家用电器检验主要是外观检验和收用货单位验收。以后随着人员素质的提高和仪器设备的配备，开始进行使用性能试验、安全性能的耐压试验、接地电阻试验等项目的安全检测，主要检验依据有 ZBY61002—88《进口家用电冰箱和食品冷冻箱性能检验规程》、ZBY61003—88《进口家用电冰箱和食品冷冻箱安全要求规程》、ZBM74001—87《进口彩色电视机广播接收技术性能检验规程》、ZBM74002—87《进口彩色电视广播接收安全性能检验规程》、GB6831—86《彩色电视广播接收和基本参数及技术要求》、GB2786—81《彩色电视广播接收和测量方法》、GB7397—87《磁性录像机测量方法》、GB2018—87《磁性录音机测量方法》、GB2019—80《磁带录音机基本参数和技术要求》、GB4288—4289—84《家用电动洗衣机安全要求》、GB3667—83《交流电动机电容器》、GB5956—86《房间空气调节器设备的安全要求》、GB8059.1 ~ 3—87《家用制冷器具》、GB4706.1 ~ 16—86 及 GB8898—88。1993、1994、1995 和 1996 年分别完成家电检验 1024 台、1942 台、41 台和 247 台。

1996 年，西藏商检局首次对拉萨邻近地区的进口家电市场进行检查，发现了进口家电中的审批和质量问题。从此，西藏商检局每年“3·15”活动期间，均对拉萨市及周边市场进口家电实施监督管理。

1997 年，西藏商检局完成进口家电检验 114 台，以后，西藏进口家电未直接从国外进口，西藏商检局对家电的检验，主要转为监督管理。

1980 ~ 2000 年西藏商检局检验进口家电 65 批次，14431 台。具体检验情况见表 1 – 2 – 2。

1980 ~ 2000 年进口家电检验情况表

表 1 – 2 – 2

年度	批次	数量	金额	备注
1980	23 批	/	869 万人民币	
1985	1 批	41 台	9247 美元	
1986	5 批	2247 台	35.29 万美元	
1987	6 批	4052 台	135.97 万美元	
1988	12 批	830 台	43.27 万美元	
1989	5 批	4180 台	120.54 万美元	
1993	9 批	1024 台	/	

续表

年度	批次	数量	金额	备注
1994	2 批	1942 台	/	
1995	/	41 台	/	
1996	/	2247 台	/	
1997	1 批	114 台	/	
1998	1 批	1 台	/	
1999	0	0	/	
2000	0	0	/	

案例一

1985 年 7 月，拉萨某饭店从香港某公司进口一批厨房设备（包括家用电器），共 1170 件，商品总值人民币 189.24 万元。设备到货后，未申请报验部分已安装使用。后经西藏商检局调查，发现部分设备有短缺，所到商品残损严重。其中家用电器中的真空吸尘器 40 台已损坏 25 台，无法使用；推入式冷柜在开箱安装时，电容烧坏（损坏电容被扔掉，失去索赔证据）。未经检验而擅自使用，造成损失被通报处罚后，该饭店 1986 年 7 月又进口客房设备（包括部分家用电器），未经检验，擅自开箱、安装、使用，错过索赔有效期，给国家造成 31776 元经济损失。西藏商检局根据《商检条例》及《实施细则》和西藏自治区人民政府颁布的《西藏地区进口商品检验管理办法》的规定给予全区通报批评，并处以商品总值 2%的罚款。

案例二

1992 年 12 月，自治区某单位从内地自购进口彩色电视机 50 台（人民币 17.5 万元），36 辆进口吉普车、进口彩扩设备 2 套（商品总值人民币 1025.5 万元），因货物周转次数多，库存时间长，待货主报验时索赔期已过，丧失索赔权，造成直接经济损失人民币 508 万元。

案例三

1993 年 3 月 4 日，拉萨某酒店进口一批酒店设备（包括部分家用电器）共计 38 箱，货值 156.8 万多元港币。西藏商检局在监视卸货时发现有 4 箱外观残损严重，遂进行逐件通电测试，结果 90%的家电不能使用。

第三节　金属材料检验

西藏商检局主要依据 JISG3302、JISG3112、JISG3122、JISG4403 等对金属材料进行检验。主要检验金属材料的外观、数（重）量、化学成分（主要是碳、硫、锌）、物理性能（主要试验抗拉强度）等。

1978 年 6 月 27 日到货的澳大利亚冷轧薄板提单上批注有部分锈蚀，经查验，外包装严重锈蚀，当即要求收货单位拆包检查，但柳园物资站不同意，强调无人力、无工具，拆包后无法恢复，不便再次发运等，使国家财产遭受了不应有的损失。7月，自治区外贸公司从西班牙进口弹簧扁钢，经计重短少1428公斤，拉萨商检机构及时出具证明，赔回42万元西德马克。

针对柳园商品检验组远离拉萨商检局的实际，1979年4月，拉萨商检局及时转发国家商检总局《进口碳素无缝钢管外观缺陷检查暂行掌握幅度》、《关于调整部分进口钢材初验抽样数量的意见》、《关于发送（种类表）内金属材料检验管理办法和协作的两个暂行办法的通知》、《关于加强金属材料检验工作的通知》。同时，根据国家商检总局的有关规定，对西藏地区进出口汽车类机械和五金建材等50余种商品实行法定检验。1979年柳园工作组检出进口商品不符合合同和标准规定的有12批，其中五金建材1批。

1980年,西藏商检局完成金属材料检验3340吨,主要为镀锌铁皮。

1984年5月,自治区物资局驻眉山物资转运站进口100吨镀锌铁皮,经检验发现有质量问题,但报验时索赔期已过,无法向外商索赔。同年,进口日本镀锌铁皮1000吨,经商检发现质量问题,索赔5.5万元人民币。当年完成金属材料检验2600吨。

1990年6月12日,格尔木西藏外运公司向西藏商检局驻格尔木办事处报验一批从日本进口的平板铁皮1200吨,该批货存放良好,经对其抽样,发现外观异常,镀锌表面有腐蚀、脱锌、黑斑等现象,仅开16箱,就发现有20张有不同程度的腐蚀。按合同规定并依据JISG3302、SGCC之技术条件检验,该批商品之镀锌量不符合标准要求,向日方提出索赔,获得成功。当年完成金属材料检验3784吨。

为进一步加强金属材料检验工作,1994年9月18日,西藏商检局业务处再次下发《加强进口钢材管理的通知》,要求各地口岸局(处)加强对进口钢材的检验。当年完成金属材料检验1.54吨。

1997年,对625吨专用建筑钢材进行检验后,至2000年,未对进口金属材料进行检验。

1978～1997年,西藏商检局检验进口金属材料12.03万吨。具体情况见表1－2－3。

1978～1997年进口金属材料检验情况表

表1－2－3

年份	数量(吨)	金额(美元)	备注
1978～1979年	4795	/	均为镀锌铁皮
1980年	3340	/	
1981～1983年	/	/	
1984年	2600	/	
1985～1986年	/	/	

续表

年份	数量(吨)	金额(美元)	备注
1987 年	201	61276.00	
1988 年	1699	886787.00	
1989 年	3267	2164832.00	
1990 年	3784	2712489.00	
1993 年	/	/	
1994 年	1.54	/	
1995 年	1.1	/	
1997 年	625	/	

第四节　轻纺产品检验

一、轻工产品

西藏自治区进口轻工产品的品种有手表、计算器、闹钟、电池、电扇、自行车、照相机、皮鞋、半导体收音机、灯泡和家用缝纫机等,数量不多,主要从樟木口岸以边贸的形式进口。

1978 年开验轻工产品,开验之初,主要实施外观检验和登记管理。为了加强轻工产品检验,1981 年,西藏商检局制定轻工产品检验管理规定,规定进口轻工产品主要检验到货的品质、规格、数(重)量、包装、使用性能及技术条件等是否符合合同规定。其检验依据是:凡进口合同对商品的品质包装条件和扦样、检验方法有明确规定的,都按合同规定办理,合同无规定或规定不具体的,按生产国规定进行检验,如生产国无正式标准,可按国际通用标准或我国规定标准检验。

1984 年,西藏商检局制定下发《关于进口物资检验中有关问题的通知》。通知规定由樟木口岸进口的手表、闹钟、计算器、照相机等轻工产品由樟木商检局在卸货地进行检验,其品质、数(重)量、包装等检验均以商检检验结果为准。未经商检检验的,不准进口,不准调拨,不准销售。违犯上述规定者,要进行教育,情节严重的,给予必要的处分或经济惩罚。

二、藏香

藏香作为印度和尼泊尔生产的一种特色商品,在西藏地区占有一定的市场。藏香进口主要通过樟木和普兰口岸,以边贸的形式进口,每年进口量大约为 1000 万元人民币。为加强对进口藏香的检验与监督管理,1995 年 12 月,西藏商检局向国家商检局申报立项了《进出口藏香检验规程》,该规程于 1999 年被国家检验检疫局以 SN/T 标准发布。

三、纺织品

西藏自治区主要从美国、日本、印度、澳大利亚等国以及香港地区,进口毛毯、毛条、毛纱、麻织品、棉绸、绵纶、腈纶、氨纶等。经尼泊尔转口到樟木口岸入境。

西藏商检局主要依据 ZBW5200—87《进口腈纶坯纱及染色腈纶休纱检验规程》、ZBW52003—87《进口针织毛纱检验规程》、ZBE2603—87《进口弹力锦纶丝检验规程》、ZBW52009—87《进口氨纶丝检验规程》、ZBW52010—87《进口化纤正规条检验规程》和 ZBW55002—87《进口纺织品检验规程》对进口纺织品进行检验。合同有规定的按合同规定方法检验;合同无规定的按国内统一检验标准检验。主要检验产品的品质、重量、回潮率。

1978 年,西藏商检局开验进口纺织品。开验之初,主要是对布料进行外观检验和登记。

1986 年,检验进口纺织品 21 批,计 56 万米,价值 118.54 万美元。

1987 年,检验进口纺织品 2 批,价值 43.03 万美元。其中毛毯 3 批,计 12418 条,价值 22.23 万美元。

1988 年,检验进口纺织品 3 批,价值 81.52 万美元。其中毛毯 3 批,计 2331 条,价值 3.16 万美元。

1989 年,检验进口纺织品 3 批,价值 93.16 万美元。其中毛毯 1 批,价值 2.19 万美元。

1990 ~ 2000 年,未对进口纺织品进行检验。

第五节　化工产品检验

西藏自治区进口化工产品种类有橡胶制品、聚乙烯、甲异氯酸酯、胺酸、废旧橡胶、聚酯切片、染料、农药等。进口化工产品主要来自日本、美国、法国、瑞士、新加坡等国家,从主要沿海口岸转道格尔木进入西藏地区。

西藏商检局主要依据贸易双方签订的合同,化工产品相应的国内检验标准对化工产品进行检验。同时规定,进口化工产品到达樟木口岸后,由樟木商检局检验,合格后发给检验情况通知单,西藏商检局核查检验情况后,允许其投入使用。经格尔木进口的化工产品,格尔木商检处提供《进口货物流向单》,到达拉萨后,由西藏商检局检验,检验合格后,方准投入使用。

检验内容包括化工产品的品质、数(重)量、包装、规格等。

1984 年,对从日本进口的染料和紫铜皮 2 批进行了检验。

1987年,检验进口染料共计6批,价值13.63万美元。

1988年,检验进口染料2批,价值7.46万美元,甲基托布津3批,计165.6吨,价值148.65万美元。

1989年,检验进口染料2批,价值3.85万美元;进口农药3批,计165.6吨,价值148.65万美元。

1991年,检验进口农药2批,计800吨,价值200.47万美元。

1992年,检验进口电解铜5100吨,橡胶制品2100吨,聚乙烯2000吨,甲异氯酸酯2000吨,胺酸1000吨,聚酯切片1000吨。

1996年,检验进口染料3批,价值9.38万美元。

1997年,检验进口甲异氯酸酯1600吨,聚酯切片2000吨,废旧橡胶6万吨。

第六节　机电仪、车辆检验

一、检验内容

20世纪50年代开始,对机电仪器和进口机动车辆的检验主要依据对外贸易合同,以自验和共验为主,80年代后,以国家有关汽车检验标准实施一些项目的物理检测。90年代,以物理检测与共验并重,并注意强制性项目的检测,其次按合同及标准项目实施检验。

对进口机动车辆检验内容以国家有关机动车辆检验标准内容为主,采取路试试验和以安全测试为主。其他机电仪设备的检验侧重试运行及实测参数考核,以及品质保证期内的跟踪调查和反馈等。

检验主要内容有品质检验(机械动力类有整车检验、安全性能检验、动力性能检验)、外观检验、随车工具、备件、技术资料检验。

机动车辆检验的内容主要有:

(1)整车检验。检验汽车外表、尺寸、表面油漆等外观质量,有无漏电、漏水、漏油现象及整车的密封性、坚固性、完整性,检查发动机号和车架号与进口单证是否一致。

(2)安全性能检验。检验制动装置、汽车制动性、照明及信号等电气性能,转向装置、废气排放、噪声等。

(3)动力性能设备检验。检验最小稳定车速、加速性能、最高车速、油耗等。

二、检验

1978年7月份到货的30台日本尼桑柴油车,制造工艺和安装粗糙,发动机总承质量差,声音不好,叶子板断裂,进口汽配数量短少,轴承、机床包装有破损,零部件不齐。经拉萨商检局调查,收、用货部门不重视验收,不愿提赔。针对这种情况,拉萨商检局提出督促收、用货部门验收、收货、用货、检验三方共验及部分商品商检自验的方案。

1979年，根据国家外贸部、交通部、公安部文件精神，拉萨商检局要求进口汽车收、用货部门与柳园商检工作组加强协作，实行共验，共同把好进口车辆的质量关，商检加强督促检查。1979年，按国家商检局《种类表》的规定，西藏商检局对西藏地区进口的50余种商品实行法定检验，当年检验汽车70多辆，价值人民币249万元。其中商检检验占40%，督促收、用货单位验收60%。

1980年，自治区进口日本依期兹柴油车150辆，质量普遍出现问题，对外索赔回18万美元。

1981年初，自治区外贸公司进口6辆日本FJ—60型丰田旅行车，行驶3500～9500公里后均发生横拉杆、左接头处螺丝断裂，经复验，确系质量缺陷所致，及时向日方提赔，日方来拉萨看货后同意理赔，并同时解决了1980年5月进口的10辆FJ—55型丰田车横梁断裂问题，挽回损失人民币8万多元。

1985年，拉萨运输公司进口10台五十铃载重卡车，行驶约1400公里后，均出现大梁变形，其中1台断裂长达39厘米，有3台方向机油管接头漏油。山南商业局购买的1台日产三菱FP418NC型8吨载重卡车也出现大梁变形，差速器、变速器损坏开裂的现象。自治区政府接待处进口的1台FJ601V型丰田越野车发动机6缸排气门推杆损坏，凸轮后部彻底断裂，曲轮后部及6缸缸套、活塞被击损。同年年底，西藏实业开发公司购进的五十铃7.75吨载重卡车5辆，未到一年质量保证期，先后出现传动轴、中间支承完全脱落，方向机液压油从扇形齿轮处泄露，钢板断裂及制动跑偏的质量问题。

针对进口机动车辆经常出现质量问题，收、用货单位往往错过索赔时机，造成损失的情况，1986年3月28日，西藏商检局下发《关于进口机动车辆检验索赔须知》，广泛深入企业进行宣传。1986年，自治区旅游总公司进口丰田越野车5辆、日野旅行车17辆，总价值人民币240多万元，出现质量问题，11月要求西藏商检局办理商检手续，但索赔期已过，造成损失。

1987年2月4日，西藏商检局下发《关于〈加强进口机动车辆管理〉通知》，同年9月10日又以简报的形式发出《进口机动车辆在质量保证期内不宜改装》的建议。

1988年，自治区外贸公司从苏联进口的一辆53212型卡玛柴油卡车出现质量问题，西藏商检局检验后出具索赔证书，索赔人民币4.9万元。

1986～1989年，经西藏商检局出具证书就汽车项目向国外索赔，索赔金额约510万元人民币。其中西藏实业开发公司进口FTR121TXL型五十铃平板卡车50辆，价值约13814.3万日元，经西藏商检局检验发现质量问题，出具索赔证书后，经两年半谈判，1988年日方终于无偿提供FTR121TXL型汽车维修零部件（价值约900万日元）和8台五十铃货车。拉萨运输公司从日本五十铃汽车公司进口CXZ187E型15吨载重卡车10台，总值3600万日元，因材质缺陷和设计不当，出现车厢下角铁固定螺栓断裂，大梁变形开裂，货箱边板变形等，经西藏商检局检验并对外出具索赔证书，日商实地看货后，同意证书内容，赔偿人民币73.58万元。

1990 年，山南地区汽车运输公司、粮食局车队不按规定进口汽车 56 辆，造成直接经济损失 152.72 万元，间接损失 141.90 万元，这一典型事件向自治区人民政府反映后，引起各级领导和部门的重视，并移交当地监察、检察部门处理。

1991 年，格尔木办事处检验进口汽车 295 辆，其中一辆豪华越野车无水箱和自动冷却风扇，20 辆旅游轿车中有 10 辆颜色与合同不符，西藏商检局出具索赔证书，赔回 5 辆 80 型丰田越野车。

1992～1993 年，根据国家商检局、经委、经贸部、海关总署的有关规定，结合自治区实际，西藏商检局下发文件，规定对进入自治区的进口汽车、摩托车实施质量许可制度管理及按《进口商品质量监督管理办法》进行检验并管理。1992 年，进口机电仪及汽车主要来自日本、美国和西欧一些国家。进口汽车发现的主要问题有：日产汽车安全性能一次检验合格率不高，为 70%～90%。俄罗斯、东欧进口的汽车，安全性能一次检测合格率仅为 50%～80%，低的达 10%，制动力不足，排放超标，零部件短缺严重，整体装配质量差，油水渗漏较多，发动机异响，转向机阻力大，制动跑偏等。其中以俄罗斯伏尔加 GZ—2410 轿车、罗马尼亚 DACIA1304 型小货车、俄罗斯卡玛斯 5500 型自卸车存在的质量问题最多。从朝鲜易货进口的捷克太脱拉 815 自卸车部分为翻新车，未经国家进口汽车安全质量认证。

1992 年，进口机床 655 台，价值 11911 万美元，不合格者金额为 1663.10 万美元，不合格率为 15.9%。

1993 年上半年，检验进口汽车、摩托车及配件共 100 批，索赔 3 批。

1994 年，阿里地区购进 14 台丰田 80 型越野车，行驶未到半年，发现多种质量问题。西藏商检局派员实地检验、取证，在保质期三天前出具索赔证书，日本丰田通商的三个技术员 9 月赴藏实地看货，确认无异议，同意支付全部修理费用。

1995 年，由于受国家外贸政策的影响，全年完成进口额比 1994 年下降 92.3%，进口汽车 40 辆，金额 112 万美元，经检验发现存在发动机和底盘锈蚀、渗漏等问题，部分随车工具及附件不全，个别车电路短路，对质量问题大的出具了索赔证书。1995 年 12 月 19 日，西藏商检局与自治区公安厅联合下发《关于加强西藏地区进口机动车辆检验的管理办法》，对强化全区进口机动车辆检验管理，规范企业和管理部门行为，起到了积极作用。

1996 年，进口商品主要是国家重点建设项目的成套设备和农具、卫星控制扩容系统及一些医疗、办公设备，另外还有少量的汽车。

1997 年，完成进口机电仪检验 9 批，主要是羊湖电站进口电机，经对国际红十字会援助西藏 54 辆进口机动车辆检验，发现 1 辆车有质量问题，向日本方提出索赔。

1998 年，完成进口机动车辆检验 62 辆，未发现质量问题。

1993～1999 年西藏商检局检验机电仪 49 批，车辆 38 批 536 辆。具体情况见表 1－2－4。

1993～1999年西藏商检局机电仪及车辆检验情况表

表1－2－4

年份	项目	批次	数量	金额（万美元）
1993	机电仪	23批	/	435.80
	车辆	12批	260辆	875.30
1994	机电仪	13批	/	118.50
	车辆	6批	110辆	162.11
1995	机电仪	/	/	/
	车辆	/	40辆	112.00
1996	机电仪	4批	/	917.85
	车辆	1批	10辆	8.00
1997	机电仪	9批	/	91.80
	车辆	1批	54辆	37.80
1998	机电仪	/	/	/
	车辆	18批	62辆	429.93
1999	机电仪	/	/	/
	车辆	/	/	/
2000		/	/	/

案例一

自治区外贸公司1979年和1981年分别进口日本丰田汽车有限公司FJ—55型越野车10辆，FJ—60型越野车6辆，到货总价2230万日元。当行驶2.5万公里和3万公里左右时，先后发生底盘车架后吊耳处裂纹，方向机横拉杆左接头处早期疲劳断裂。特别是分配到阿里地区的6辆FJ—60型越野车，因方向盘失灵，造成车辆倾覆，险出人命，引起了阿里地区的强烈反应。经拉萨商检局鉴定，确认质量问题严重，对外提出索赔。日商接到索赔证书后，要求来拉萨看货就地解决。日商于1981年9月26日抵拉，经过5天的谈判，日商代表承认质量存在问题，在备忘录上签了字。共赔回底盘车架10架，方向机横拉杆总成6套等零配件以及拉萨—阿里往返托运修理费等。共计折合1000万日元的货值。约占16台车总价的40%。既挽回了国家经济损失，又维护了商检在国际上的信誉。

但是索赔中是有曲折的，开始向日本丰田汽车有限公司索赔时，有关用车单位的同志说：日本丰田汽车乘坐舒适，在世界上都是很有名气的，而且丰田汽车公司的宣传广告也曾说过“车到山前必有路，有路必有丰田车”，质量不会出问题，可能是由于西藏路况不好。也有个别同志认为是司机使用不当所造成的，对提出索赔信心不足。日方驻京代表在接到商检索赔证书时说，丰田车从来没有发生过横向拉杆断裂的问题，如果出现此种情况不是道路不好，就是使用不当，否则是不会出质量问题的，并要求来拉萨看货。在这样的情况下，拉萨商检局和有关用车单位及外贸公司周密地进行了技术准备和索赔谈判方案，迎接日商现场看货的技术较量，并对横拉杆左接头断裂处进行了物理分析和试验，并就 FJ—55 型和 FJ—60 型车做了比较。经我方技术鉴定，确认是设计不合理所致。在事实面前，日商不得不承认其车质量问题，并感到问题严重，一再向我方贸易人员赔礼，表示歉意。最后同意了技术鉴定结果，并赔付由此而产生的全部损失。

案例二

1987 年 12 月 5 日，自治区拉萨市个体运输户白玛购买不久的一辆苏联卡玛斯柴油载重卡车在正常行驶状况下出现质量问题，即向西藏商检局提出复验。西藏商检局接受报验后，派人对该车进行检验。结果如下：

该车系苏联产 53212 型 10.5T 卡玛斯柴油载重卡车，是中国机械进出口总公司从苏联批量进口中的一辆（发动机号：790787，底盘号：19239）。1985 年 7 月 30 日由园野装火车运至二连，联运北京，再由四川西南汽车贸易中心接到成都，而后被用户购买。经调查证实：该车在运输途中，无任何载损。

该车在空车行驶 2200 公里后，方装货使用（最大载重为 9.5T）。正常行驶至 8399.6 公里时后桥左半轴断裂，使半轴套齿和差速器内壳受损。另外，该车每行驶 1000 公里，要损耗机油 11 公斤。

调查情况及检验结果表明：这辆载重卡车在正常行驶状态中损坏，纯属商品设计、制造不良所致。为此，西藏商检局于 1987 年 12 月 15 日出具商检证书。1988 年 1 月，苏联汽车工业部确认该车质量问题为苏方厂家设计、制造不良所致，对西藏商检局的商检证书未提出任何异议，同意赔偿用户一辆新车，价值人民币 4.9 万元。

案例三：

自治区交通厅驻青海格尔木运输公司进口日本五十铃 TDJ8.5 吨卡车 1 辆，行驶中发生轴瓦烧蚀。西藏商检局接受报验后，对车辆进行拆验，同时了解到进口的 110 辆车普遍存在动力性能下降现象。根据上述事实，西藏商检局出具了索赔证书。外商接到索赔证书后，提出来人看货，为使索赔工作顺利进行，西藏商检局与用户一起成立技术小组，拆验了一台发动机，发现六个缸内活塞有四个被烧穿，另两个出现不同程度的烧蚀现象。经认真分析和比较，并翻阅大量资料，发现该批进口汽车日方厂家改进了发动机汽缸燃烧室，将干式燃烧室改为了直喷式燃烧室，把活塞上部马蹄形凹坑改为正方形凹坑，并加大了活塞燃烧室面积和空间，将高压喷油嘴的射孔由四孔改为五孔，增大了进油量，提高了牵引力和动力。但日方疏忽了该批车是西藏定购的这一前提，西藏地处世界屋脊，青藏公路是运输进藏物资的一大动脉，全线长 2000 余公里中有 1000 公里在海拔 4000 米的高原上，海拔高，大气压降低，供氧不足，当高压泵把柴油喷入汽缸时，由于缺氧致使油不能完全燃烧，造成残油的余积，活塞上部处于时刻燃烧状态，长时间运转，温度不断上升，使低燃点的铝合金活塞上部烧穿，从喷油口喷入的柴油经过燃烧室，透过活塞烧穿部位进入机油室，随着柴油的不断进入、增多，机油室的机油被严重稀释，失去应有的润滑功能，导致曲轴轴瓦抱瓦（烧蚀）。原因找到了，谈判桌上也就增加了胜利的筹码。

是年 4 月，外商抵达格尔木，在充分的证据和科学分析面前，日商承认该批车不适用于高原，同意赔偿损失。最后达成以更换所有燃烧室、改换喷油头为主的方案，为用户赔回了近 150 万元人民币材料备件，索赔谈判获圆满成功。

案例四

自治区交通厅拉萨运输公司通过自治区外贸进出口公司于1989年4月订购日本五十铃厂家TVR8.5卡车40辆,9月到货,投入营运8000公里左右时,各车程度不同地出现后桥壳右侧裂纹、方向机渗油、驾驶室密封不严、水箱开焊等现象。西藏商检局接用户报验后,到现场对该批车辆进行检验,在取得一系列资料和数据后,对外提出了索赔。最终日方赔偿价值约40万元人民币的配件,并维修一些问题,同时答应将索赔期在此基础上延长一年,在此案的检验中,西藏商检局检验员多次对出现的问题与用户进行论证,并与以前该型车辆进行对比,同时对制作材料进行物理和化学试验,对裂纹拍摄照片,在取得一系列资料和科学分析后,提出索赔,这是获得成功的关键。

第七节　成套设备检验

成套设备属于《种类表》内的商品,实施法定检验。西藏商检局对成套设备的检验主要以商检人员与收、用货部门共验为主,商检独立检验为辅。按监视卸载和监装,开箱检验(包括外观、精度、性能和材料的检验),单机运转试验及成套运转试验,生产期考核检验(主要是性能指标考核),质量保证期内的合同条款及技术条款的相关性能、能力、损耗等检查。

1989年,对拉萨啤酒厂从德国进口的啤酒灌装生产线进行了检验。

1991年4月,布达拉宫维修办特从美国进口一套灯光投影系统,该批货运抵拉萨时灯具发生破碎,索赔仅有一周时间。西藏商检局派员赴现场对177箱灯具、灯泡及辅助设施逐个通电测试和检验,完成检验出证任务。1991年春,德国政府赠送给西藏皮革厂的成套制皮、制革设备运抵拉萨,设备价值150万美元,共122箱,近3000件货物,箱最大达30立方米,最小仅0.15立方米,最重10.5吨,最轻52公斤,货物运达目的地时,距离索赔期只有24天。由于机器是由原西德、意大利、英国等国共同筹备,机器型号生产年代相距30年,专家组申请商检检验,经西藏商检人员逐件开箱清点查验,其中5箱有残损,十多件配件破损。

为做好自治区重点工程——羊湖抽水蓄能电站工程进口成套设备检验的把关和服务工作,根据自治区人民政府批转的《西藏自治区进口成套设备检验、监督管理办法》,西藏商检局于1993年设立西藏商检局羊湖电站现场办公室,随时对成套设备实施检验监管,及时对外出证索赔,保证设备质量和工程进度,保障国家利益不受损失。1991年第一批设备到货,检出17批存有质量和数量问题。对德国方提出索赔金额65.3万美元。1992年又对该项工程的成套设备提出15批72.3万美元的索赔。1993年,该项工程的进口电机主轴出现大的质量问题,向出口方提出200万美元的索赔。

1994年,自治区邮电管理局进口电信成套设备,检验时发现数量短少严重,质量上也有一些问题,向日本、意大利等出口方提出索赔金额411.20万美元。

1995年,自治区成立30周年,彩电中心、电讯枢纽程控交换系统、地球物理站通讯系统等援建和献礼项目中,进口成套设备数量较多。西藏商检局挑选业务骨干承担一线检验任务，督促收、用货部门严加验收，认真参与试生产和考核验收工作，强化质量保证期的后续管理，圆满完成了任务。

1996年，全区农话系统和卫星控制扩容系统进口成套设备到货，西藏商检局派员进入各现场工作点，实行全过程跟踪检验和监管，随时提供服务。

1993～1997年检验进口成套设备13批3930.86万美元。具体情况见表1－2－5。

成套设备检验情况表

表1－2－5

年　份	批　次	金　额
1993	5	694.13万美元
1994	4	874.99万美元
1995	/	/
1996	3	1936.01万美元
1997	1	425.73万美元
1998	/	/
1999	/	/
2000	/	/

第三章　出口商品检验

第一节　纺织品检验

20世纪80年代以来，随着地方边境贸易的发展，从樟木口岸出口的纺织品数量迅速增加，主要进口国是尼泊尔。

自治区出口纺织品品种主要有印染棉布、丝绒布、毛毯、浴巾床单、纯毛藏毯、化纤织品和各种布料的服装、生丝等。出口纺织品大部分产自内地各省，多为内销产品和等外品，价格较低。

西藏商检局主要依据对外贸易合同、凭样成交的小样和ZBY76009—88出口运动裤检验标准、ZBY6008—88出口灯心绒西装检验规程、ZBY75012—85出口男西装检验规程、ZBY75008—85出口绣衣检验规程、ZBY5012—86出口服装包装检验方法、ZBY76001—88出口夹克衫检验规程、GB10709—88出口合成纤维织物、GB4669—85机织物长度、幅度、密度和质量的测定和GB3923—83机织物断裂强力和断裂伸长率的测定、GBT406—93原色布检验标准、GB/T400—93棉印染布标准、GBn78-79-80本色棉灯心绒检验要求、FJ/T24001—93标准等对纺织品的规格（经纬密度）、品质（拉伸力、耐洗劳度）、数量、包装进行检验。

1979年开验出口纺织品，检验工作由樟木口岸负责，量少。检验主要以感官检验为主。

1986年后,纺织品出口量逐年增加,出口纺织品大部分来自内贸渠道或市场收购,无固定进货渠道,故无法对产品质量进行控制。对尼贸易中,由于尼泊尔经济水平和轻纺品生产比较落后,对进口纺织品的质量基本无要求,质量再差的产品都能接受,在尼泊尔市场也能销售得出去。因此,只要没有发现明显的密度不均,断纱、跳纱或散布性疵点,均予放行。当年完成纺织品检验9批,金额34.8万美元。

1987年，完成纺织品检验22.28万美元，1988~1991年，完成纺织品检验3400万美元。

1992年，完成纺织品检验2948.9万美元。之后，随着人员素质的提高和检验设备的改善，西藏商检局开始使用织物强力试验机，缕纱测长机和复丝强力机等进行检验。对检出同一严重疵点连续长度超过5厘米以上者，则判定为不合格，需进行理化检测，不合格不放行。樟木口岸出口纺织品逐年增长，对出口纺织品的管理也逐渐严格。樟木口岸出口纺织品质量问题主要表现在：密度不够，纱支粗度偏细，染色劳度和拉力强度达不到国家标准要求。有时货主间因交易数量发生争执，但均能协商解决。通过正常外交途径退货一批。1997年12月，出口尼泊尔生丝4.8吨，因颜色改变而导致退货。

1986～1999年，西藏商检局完成纺织品检验7731批，15340.54万美元。2854.9万米，具体情况见表1－3－1。

1986～1999年出口纺织品检验情况表

表1－3－1

年　份	批　数	金额（美元）	数量（米）
1986	9	348000	120663
1987	12	222800	102000
1988	13	815000	134000
1989	14	931600	137000
1990	35	3700000	398000
1991	1180	29237000	4120000
1992	1270	29489000	4860000
1993	1317	38754000	5904000
1994	1014	27351000	4070000
1995	403	4730000	1270000
1996	348	397000	124000
1997	596	4950000	1730000
1998	678	5130000	2170000
1999	842	7350000	3410000
2000	/	/	/

第二节　矿产品检验

检验出口的金属矿产品品种有铬矿、锑矿和铅锌矿，非金属矿产品品种主要有硼镁矿和硼砂矿。西藏商检局主要依据对外贸易合同等协议规定的质量标准及相应的行业标准对矿产品进行检验。出口矿产品的检验标准和品质项目见表 1－3－2。

出口矿产品检验标准和品质项目表

表 1－3－2

名称	检验标准	品质项目
铬矿	SN0066—92、YB777—74、33001—002—90	三氧化二铬、氧化镁、二氧化硅、GaO、Fe_2O_3、AL_2O_3
锑矿		
铅锌矿		
硼镁矿		B_2O_3　MgO
硼砂矿		B_2O_3

1980 年，自治区矿业开发公司出口的铬矿、锑矿、铅锌矿系裸装出口，硼镁矿和硼砂矿系塑料编织袋包装出口。根据国家商检局颁发的《出口矿产品检验管理规定》和《出口矿产品批次管理办法》，对出口的矿产品进行矿产品品质、数（重）量、等级、品位、包装及监装（卸）等内容的检验，并出具检验结果，做到货证相符。1993 年，对矿产品出口包装实施包装性能检验，主要进行跌落试验。

随着西藏对外贸易的发展，矿产品的资源得到加快开发。为规范西藏矿产品市场，促进矿产品交易市场的健康发展，1996 年 4 月 15 日，西藏商检局与自治区工商局联合制定下发《关于加强矿产品质量的意见》。至 2000 年 12 月，西藏商检局共接受矿产品检验 15 批，计 500 余吨，出口国均为日本，未发现品质问题。

第三节　中药材检验

西藏自治区地处高寒地区，是中国生产名贵中药材的主产地之一。出口中药材主要品种有虫草、藏红花、鹿角、鹿茸、牛黄、贝母、当归、大黄、黄芪、杜仲、茯苓、甘草、枸杞、人参、红景天、人参果、核桃仁等，主要进口国家和地区是尼泊尔、香港。

西藏商检局主要依据中国药典历次版本、虫草感官检验方法、贸易双方签订的合同条款对中药材进行检验。

1986 年，西藏商检局开验中药材。中药材一般系麻袋包装出口。西藏商检局在实施出口中药材检验中，未发现品质问题，偶有数（重）量短少，均能补齐后出口交易。

1986～2000 年，西藏商检局检验出口中药材 121 批次，1434.46 万美元。具体情况见表 1－3－3。

1986～2000 年检验出口中药材情况表

表 1－3－3

年　份	批　次	金　额（万美元）	品　　种
1986	3	75.99	虫草、当归、大黄、人参、贝母
1987	4	66.33	当归、人参、大黄
1988	6	97.01	虫草、鹿角、枸杞、甘草
1989	8	131.12	藏红花、大黄、虫草、贝母、鹿角
1990	12	84	虫草、当归、黄花
1991	17	107.8	虫草、茯苓、杜仲
1992	10	92.08	鹿茸、藏红花、贝母
1993	56	674.26	虫草、鹿角、人参、枸杞、当归、核桃仁、耳草、茯苓、杜仲、黄花
1996	4	87.56	虫草、人参果
1998	1	17.12	红景天、人参果
2000	/	1.19	

第四节　羊绒毛检验

西藏自治区是中国绒毛主要产地之一，羊绒、羊毛是传统出口商品，多以原毛、原绒出口。出口羊绒毛的大宗品种有绵羊毛和山羊绒。1995 年后又改为大量出口洗净绵羊毛。

羊绒毛主要出口尼泊尔，小部分从天津口岸出口到意大利、德国等地。经营羊绒毛出口的单位有西藏土畜产进出口公司、西藏刚坚公司、自治区外贸公司、阿里对外贸易公司、那曲对外贸易公司和山南对外贸易公司以及藏蒙公司等。

西藏商检局主要依据对外贸易合同、凭样成交的小样，检验标准有 ZBW21004—87《出口绒类检验方法》、ZBW21005—87《出口绒毛类检验规程》和 SN0106—92《出口无毛绒检验规程》，对羊绒毛的品质、兽医检疫、包装、数（重）量进行检验。

1978 年，开始对出口绵羊毛进行检验把关。

1980 年，为加强羊绒毛检验，将出口羊绒毛定为西藏商检局重点检验把关的出口商品之一，强化对羊毛出口的产地检验管理，口岸局查验放行。

1978～1987 年，出口羊绒毛主要存在包装重量不固定，包装质量差，货物到口岸已成散装；出口绵羊毛无外包装，货到口岸已经发潮、发霉。

20世纪80年代后期，加强出口羊绒毛检验把关，开始进行羊绒毛品质检验和检疫工作。

1989年，针对西藏地区羊绒毛质地好、弹性强等优点，西藏商检局向国家商检局申请立项仍按《重量计价出口西藏绵羊原毛检验规程》，该规程于1996年9月由国家商检局以SN/T标准发布。

1994年5月11日，根据国家商检局文件精神，西藏商检局制定下发《关于重申出口羊绒按品质规格检验和杜绝掺假问题的通知》，进一步强化对西藏地区出口羊绒毛的检验管理，扶持拳头产品出口创汇。

1995年后，各公司下设洗毛厂，洗毛厂设置专用机械打包机，包装问题逐步得到解决。

为加强羊绒毛的品质检验和兽医检验、检疫，配置了必需的仪器设备。多年来，在绒毛检验中，多次检出包装破损、数（重）量短少、掺杂使假、含杂率超标、霉变腐烂等问题。

1986~2000年，西藏商检局检验出口羊绒毛1459批，13809.51万美元，23903.18吨。具体情况见表1-3-4。

1986~2000年出口羊绒毛检验情况表

表1-3-4

年　份	批　次	金额（万美元）	数（重）量（吨）
1986	5	5.82	375
1987	15	1455.69	3352
1988	21	1086	800
1989	40	1161	2885
1990	112	1734	1658.73
1991	117	1346	1925
1992	95	1007	1698.4
1993	43	1109	1698.4
1994	78	912	1456
1995	81	853	1239
1996	53	692	863
1997	75	648	807
1998	94	928	1596.7
1999	85	872	1459
2000	545		2089.95

第五节　藏毯检验

藏毯是西藏传统的出口商品。出口藏毯的主要品种有地毯、卡垫和挂毯。主要出口到美国、日本、德国、马来西亚、法国、意大利、英国和新加坡等地。经营出口藏毯的单位有拉萨地毯厂、喀瓦坚地毯厂、布达拉地毯厂、江孜地毯厂、龙凤地毯有限公司和古艺地毯有限公司等。

西藏商检局依据贸易双方签订的合同、成交小样和检验标准 SN/T0457—95《出口手工结扣西藏地毯检验规程》，对藏毯毯形、弹性、图案、色差、道数和兽医检疫等进行检验。

1986 年，开验藏毯。出口藏毯实行批批检验，并纳入出口质量许可证管理商品。

1989 年，西藏商检局对七个出口藏毯厂进行考核，向拉萨地毯厂、布达拉地毯厂、江孜地毯厂、拉萨城关区综合一厂和山南地区乃东地毯厂颁发《出口质量许可证》。

出口的藏毯为手工生产，在加工技术上存在质量不稳定的因素。西藏商检局在出口藏毯检验中主要发现有以下问题：道数不够、图案与外商提供的图纸有差异、尺码不规则、染色不均匀、手纺纱地毯中掺有机纺纱。针对这些问题，为维护西藏藏毯在国际市场上的信誉，提高和确保出口藏毯的质量，加强监督管理，根据《质量许可证管理制度》规定，西藏商检局对检验中发现问题的出口生产厂家，提出整改意见，要求限期整改，并督促验收合格后方准予出口报验。

为保证出口藏毯质量，1997 年，将 SN/T0457—95《出口手工结扣西藏地毯厂检验规程》翻译成藏文，下发给各出口生产地毯厂家，供大家学习。

1987 ~ 2000 年检验出口藏毯 264 批，603 万美元，39.1 万平方米。具体情况见表 1 - 3 - 5。

1987 ~ 2000 年出口藏毯检验情况表

表 1 - 3 - 5

年　份	批　数	金　额（万美元）	数　量（万平方米）
1987	19	53	3.1
1988	27	55	3.2
1989	6	29	1.8
1990	5	32	2.1
1991	22	58	3.6

续表

年　份	批　数	金　额（万美元）	数　量（万平方米）
1992	23	51	2.9
1993	25	61	4.6
1994	20	52	3.3
1995	23	53	3.5
1996	21	49	3.1
1997	24	54	3.8
1998	25	56	3.6
1999	24		0.5
2000	/	/	/

第六节　松茸检验

西藏自治区是中国松茸的主要产区之一，在正常气象条件下，年产量可达5000吨。主要产区在工布江达县、波密县和林芝县等地。松茸的出口品种有鲜松茸和盐渍松茸两种，出口日本。

西藏商检局依据对外贸易合同和西藏商检局制定的出口松茸检验操作规程和出口松茸等级检验标准对松茸的品质、重量、包装、批号、标记，以及是否有掺杂使假，是否有劣质松茸，有无腐烂、异味和虫害等情况进行检验。

1990年，开始对出口松茸开展检验和监督工作。当年，松茸出口量形成一定规模。1990年12月13日，西藏商检局派员前往成都进行检验把关。1991年7～8月，西藏商检局派员前往芒康、工布江达县等地，深入产地开展检验和监督管理工作。在检验过程中采取批批检验和百分之百过磅。合格的产品认真按级别分批包装后，在包装箱固定位置刷上批号及标记，分批堆码，以便查核。保证出口鲜松茸任务从收购到签证放行48小时内完成。

1999年7月，根据《商检法》、《动植物检疫法》的规定，结合西藏的实际，西藏商检局、拉萨动植检局、民航西藏管理局及自治区外经贸厅联合制定《西藏地区出口松茸检验检疫和监督管理办法》，确保出口鲜松茸快速、畅通地到达目的港。

1991～2000年检验出口松茸684批，239.5吨，1083.65万美元。具体情况见表1－3－6。

1991～2000 年出口松茸检验情况表

表 1－3－6

年　份	批　次	数　量（吨）	金　额（万美元）
1991	58	23.16	115.8
1992	84	34.78	173.9
1993	100	30.05	150.25
1994	92	32.48	162.3
1995	87	31.94	153.4
1996	59	28.67	147.8
1997	74	35.86	180.2
1998	/	/	/
1999	51	11.9	/
2000	79	10.66	/

第七节　皮革检验

西藏出口皮革以原料皮为主，出口皮革的品种有牛皮、山羊板皮和其他野生动物皮。

牛皮与山羊板皮主要出口到德国。牛皮和山羊板皮的出口单位主要是拉萨皮革厂、那曲对外贸易公司和阿里对外贸易公司。

西藏商检局主要依据贸易双方所签订的合同和检验标准，ISO 国际标准《皮革检验方法》，轻工部《皮革、毛皮检验标准》对皮革按报验总数各等级的 10% 取样，检验皮张的品质特征、外观形态、皮板质量、面积大小、伤残缺点，同时对毛绒长短、粗细、疏密、光泽等进行检验。并根据毛面情况，确定宰剥季节，对出口皮革原料皮进行检疫或熏蒸消毒，以防止某些人畜共患疾病的传播。出口皮革原料皮主要进行炭疽杆菌检疫。

1987 年，西藏商检局开验皮革商品，主要发现皮张盲点较多、使用面积较小等问题。

1989 年，根据《质量许可证管理制度》规定，对拉萨皮革厂进行全面考核，考核合格后，颁发《出口质量许可证》，并于 1998 年 6 月进行复查。

1988～2000 年检验皮革 151 批，157 万张，498 万美元。具体情况见表 1－3－7。

1988～2000年皮革检验情况表

表1－3－7

年　份	批　次	数　量（万张）	金　额（万美元）
1988	16	18	51
1989	20	20	60
1990	17	15	52
1991	19	21	57
1992	21	14	51
1993	16	17	46
1994	13	16	47
1995	9	12	41
1996	10	8	38
1997	7	11	43
1998	3	5	12
1999	/	/	/
2000	/	/	/

第二篇

动植物检疫

进出境动植物检疫是为了防止动物传染病、寄生虫病和植物危险性病、虫杂草及其他有害生物传入、传出国境，保护农、林、牧、渔业生产和人体健康，促进对外经济贸易的发展。西藏自治区进出境动植物检疫工作始于1987年9月12日。

进出境的动物和动物产品有马、牛、羊、鱼、虾、羊皮、羊毛、羊绒、羊肉、牛皮、动物油、鲜蛋等。1988～2000年，拉萨动植物检疫局共检疫进境动物马、骡、驴26027头，牛15029头，羊55049只，鸡127832只，鱼虾348.7吨，犬猫1615只。检疫进境动物产品牛皮8251张，羊毛63.59吨，鲜鸡蛋23吨，猪肉及制品80吨，动物油脂11.77吨。检疫出境动物马、骡、驴6933匹（头），牛4036头，羊183399只；检疫动物产品羊毛、羊绒933.38吨，羊皮68799张，牛皮572张。

进出境植物及产品有粮谷、面粉、药材、瓜果、蔬菜、糖果、饲料等。1988～2000年，拉萨动植物检疫进境瓜果、蔬菜265232批，6443吨；粮谷、豆类5495批，84755.5吨；药材115批，444吨。检疫出境粮谷33批，55.27吨；蔬菜2043批，16276吨；瓜果102批，728吨；药材50批，80.8吨。

1992年，尼泊尔水果、蔬菜在拉萨动植物检疫局的监管下，进入自治区腹心地区，动植物及其产品逐步增加至100多个品种。

1988～1999年，拉萨动植物检疫局发现进境动物疫病有口蹄疫、蓝舌病、牛肺疫、布氏杆菌、牛结核病、马鼻疽、鸡衣原体、鸡马立克氏病、鸡新城疫等一、二类传染病23种。

检出进境植物病、虫有谷斑皮蠹、芒果果肉象甲、橘小寡鬃实蝇、南亚寡鬃实蝇等一、二类植物危险性病、虫81种。

第一章　动物及动物产品检疫

第一节　进境检疫

一、检疫审批

动物、动物产品的检疫审批主要是对输入和通过中国境内运输的动物及动物产品，首先由动植物检疫机关审查，根据已掌握的输出国家或地区疫情，决定是否同意输入或过境，减少不必要的损失，防止病虫害传入。由进口单位或其代理人按审批权限分工，向国家动植物检疫局或口岸动植物检疫局申报检疫审批。输入国家规定的禁止进境物，由进口单位或者其代理人经所在地动植物检疫机关签署意见后报国家动植检机关审批，要求运输动物过境的，由承运人或押运人向国家动植物检疫机关提出书面申请。

1988 年，检疫审批工作开始，因无国家授权的审批权限，未开展动物、动物产品的检疫审批。

二、动物检疫

（一）马属动物检疫

西藏马属动物检疫包括马、驴、骡，主要是普兰口岸的尼泊尔和印度商人从事货物运输的驮畜。

1989 年，成立普兰动植物检疫局，为保障普兰境内马属动物的健康和安全，普兰动植检局对从尼泊尔入境的马驴骡驮畜严加管理，分别在丁嘎、科加、谢尔瓦三个与尼泊尔交往的地点设立检疫点，对每一批入境的马属动物进行严格的现场临床检疫。当年检疫进境马属动物 266 匹。

1990 年初，为进一步掌握尼泊尔和普兰边境口岸动植物疫病流行情况，拉萨动植检局向自治区科委申报《西藏主要口岸进出境尼泊尔动物传染病的研究》课题，课题获得批准后，当年增加工作人员 2 名，对进境动物及普兰边境的动物进行抽血采样，实施疫病调查和正常检疫查验。当年检疫进境马属动物 5293 匹。

1991 年，普兰动植检局按拉萨动植检局的要求，努力做好检疫和疫病调查工作，通过疫病调查检出动物传染病 20 种，基本摸清了西藏自治区主要口岸动物传染病的种类、分布及危害情况，为进出境动物检疫和边境县动物传染病防、检、监提供了依据。检疫进境马属动物 2805 匹。

1992 年，经有关部门批准，普兰口岸向印度开放通道为普兰口岸强拉山口，由于普兰口岸与印度不通公路，马属动物成为印度商人的主要运输工具。针对印度毗邻普兰口岸动物疫病时有发生的情况，拉萨动植检局在普兰口岸动物检疫中主要采取了以下措施：对进境的马属动物进行严格的现场临床检疫并登记，进境检疫登记过的马属动物在指定地饲养，进境动物在普兰口岸只能停留 10 天，10 天后从进境原路返回，以免疫病传入传出。全年检疫进境马属动物 2300 匹。

1993 年，拉萨动植检局在普兰口岸开展进出境动物主要传染病研究，对进境马匹进行马鼻疽点眼法检疫，当年即检出弱阳性马鼻疽马 2 匹，可疑马鼻疽马 5 匹。按有关规定令其原路返回，有效防止了疫病的传入传出。当年检疫印度、尼泊尔进境马属动物 5186 匹。

1994 ~ 1999 年拉萨动植检局检疫进境马属动物 10223 匹。具体情况见表 2 - 1 - 1。

1994 ~ 1999 年检疫进境马属动物情况表

表 2 - 1 - 1

年　份	1994	1995	1996	1997	1998	1999
进境马属动物(匹)	2387	2509	943	666	2000	1718

（二）牛、羊检疫

牛羊检疫包括犏牛、黄牛、绵羊、山羊，主要是普兰口岸的尼泊尔和印度商人从事货物运输的驮畜。

1989 年，根据普兰口岸邻国边境地区疫情比较复杂的实际，分别在丁嘎、科加、谢瓦尔三地，设立检疫点，对每批入境的牛、羊进行现场检疫和消毒处理。当年检疫进境牛 746 头，羊 6428 头。

1990 年，为进一步掌握和摸清中尼边境口岸动物疫情，拉萨动植检局对自治区各口岸活畜进行了进出境及尼泊尔过境动物传染病研究，在口岸边检疫边随机采样过境牛羊血清 300 份，经血清学检验，检出牛羊口蹄疫、蓝舌病、布鲁氏杆菌病等 9 种传染病，其中检出牛口蹄疫 5 头，牛蓝舌头病 17 头，羊布鲁氏杆菌 9 只，按有关规定令其原路返回。当年检疫进境牛 1843 头、羊 14004 只。

1991 年，针对牛羊传染率较高的口蹄疫，在做好现场临床检疫、消毒的同时，拉萨动植检局对进境牛羊进行登记，注射预防疫苗，发放预防接种证书。对往返驮运的牛羊动物，出入境时查验接种证书，持有效证书的方可放行。当年检疫进境牛 3602 头、羊 4933 只。

1992年，普兰口岸强拉山口开放，开展中国与印度边境贸易。借鉴对尼贸易中的一些成功做法，拉萨动植检局对从印入境的驮畜采取从指定地放牧，严禁与中国境内牲畜混牧，对进境牛、羊往返的路线，也作出了相应的规定，原则是从何处入境必须从原路返回，不准改道出入境。当年检疫进境牛2220头、羊6285只。

1993年，拉萨动植局在普兰等口岸开展进出境动物主要传染病调查，经对尼泊尔进境牛羊抽样采血清260份，检出牛口蹄疫6头，牛蓝舌病3头，绵羊口蹄疫13只，羊布鲁氏杆菌病21只。均令其原路返回。当年检疫进境牛1395头，羊5617只。

1994年，拉萨动植检局针对普兰等口岸进境动物检疫情况，规定了进境动物检疫管理程序和进境屠宰畜监督管理程序。当年检疫进境牛408头、羊951只。

1995年，普兰口岸受边境贸易不稳定的影响，进境牛羊有所下降。但检疫手段和监督方式没有新的变化。当年检疫进境牛785头、羊1021只。1996年，拉萨动植检局检疫进境牛288头、羊3096只。1997年检疫进境牛22头、羊77只。1998年检疫进境牛羊3431头、羊4862只。1999年检疫进境牛289头、羊857只。2000年，西藏检验检疫局检疫进境羊6916只。

（三）鸡检疫

1990年，樟木动植检局主要以现场临床检疫为主进行检疫工作，当年检疫进境鸡8031只。

1991年，拉萨动植检局在对进境鸡进行消毒、临床检疫的同时还规定进境鸡在进境检疫后，由商人在规定地饲养三天隔离观察，检疫人员跟踪检疫，如发现死鸡、病鸡等情况不准出售并对死鸡进行销毁。当年检疫进境鸡14126只。

1992年，尼泊尔进境鸡数量猛增，口岸检疫机构压力加大，拉萨动植检局在严格现场消毒、临床检疫和隔离观察的同时，在聂拉木县城还设立检查站，严禁尼泊尔进境鸡流向自治区腹心地区，预防鸡疫病传入。当年检疫进境鸡194000只。

1993年，拉萨动植检局对尼泊尔进口鸡检疫程序和处理方法进行专题研究，增加口岸检疫专业人员，对鸡的主要来源地——尼泊尔巴达罗、嘎出其和加嘎多三个地方养鸡场的38批492只鸡进行抽血采样，分析研究，全年检疫进境鸡6611只。

1994年，拉萨动植检局对尼泊尔鸡的血清经实验室检验，检出鸡马立克氏病、鸡鼻炎、鸡新城疫、鸡痘、鸡白痢等10种鸡传染病，从而基本摸清了尼泊尔进境鸡传染病的种类、危害性和分布情况。当年检疫进境鸡13896只。

在掌握了尼泊尔进境鸡的疫病情况后，1995年拉萨动植检局制定《尼泊尔进境鸡检疫监管办法》。该办法对抽血检验、进口商和经营者的管理、销售范围等做了详细规定。特别规定尼泊尔进境鸡严禁运往自治区腹心地区出售，以免尼方鸡疫病传入。当年检疫进境鸡12215只。

1996年以后，尼泊尔进境鸡一直控制在樟木口岸内出售食用。当年检疫进境鸡15286只。

1997年，检疫进境鸡17180只，1998年检疫进境鸡10827只，1999年检疫进境鸡 10170 只。

（四）鱼虾检疫

从尼泊尔进境鲜活鱼虾主要用于樟木居民生活食用。

拉萨动植检局对樟木口岸进境的鱼虾采取现场临床检疫，经检疫不合格的予以退回或就地销毁。并限制只能在樟木口岸销售食用，严禁运往自治区腹心地区。

1990 年，拉萨动植检局共检疫进境鱼虾 47.5 吨，1991 年检疫进境鱼虾 61.2 吨，1993 年检疫进境鱼虾 8 吨，1996 年检疫进境鱼虾 6 吨。

（五）其他动物检疫

拉萨动植检局对尼泊尔进境旅客携带的宠物犬、猫和部分国内跨省区之间藏獒犬的检疫，严格按照《进出境动植物检疫法》进行。主要查看国外官方出具的动物检疫证书和狂犬病预防接种证书，对持有证书的犬猫予以放行，未持有检疫证书的，对该动物进行登记、现场临床检疫，注射狂犬疫苗，隔离观察 30 天后，健康的犬、猫方可饲养。1993 年，拉萨动植检局在樟木口岸截获违章进境宠物狮子犬 7 只，在运输过程中死亡 2 只，做销毁处理。其余 5 只令其返回。当年检疫进境宠物犬 18 只，委托检疫犬 1442 只。1998 年，检疫进境宠物犬和委托检疫犬 153 只。1999 年检疫旅客携带宠物犬 2 只。

2000 年西藏检验检疫局成立，樟木检验检疫局、驻机场办事处也相继成立，两口岸继续按犬、猫检疫的有关规定对犬、猫实施检疫。

1989～2000 年动物检疫情况见表 2－1－2。

1989～2000 年动物检疫情况表

表 2－1－2

年　份	马、骡、驴(匹、头)	牛(头)	羊(只)	鸡(只)	鱼虾(吨)	其他动物(只)
1989	266	746	6428	/	/	/
1990	5293	1843	14004	8031	47.5	
1991	2805	3602	4933	14126	61.2	/
1992	2300	2220	6285	19400	/	/
1993	5186	1395	5617	6611	80	1460
1994	2387	408	951	13896	/	/
1995	2509	785	1021	12215	/	/
1996	943	288	3096	15286	160	/
1997	666	22	77	17180	/	/

续表

年　份	马、骡、驴(匹、头)	牛(头)	羊(只)	鸡(只)	鱼虾(吨)	其他动物(只)
1998	2000	3431	4864	10827	/153	
1999	1718	289	857	10170	/	2
2000	/	/	9881	/	/	/
合计	26027	15029	48133	127832	348.7	1615

三、动物产品检疫

(一)羊毛、牛皮革

进境皮革主要供拉萨皮革厂使用，1991 年拉萨皮革厂从尼泊尔进口 2710 张皮革，在樟木口岸入境时，拉萨动植检局采用强力消毒药对皮革进行消毒。并采样进行实验室炭沉反应检测，未检出疫病。为加强对进境皮革的检疫管理，拉萨动植物检疫局规定进口牛皮在拉萨动植物检疫局的监管下，只能在拉萨皮革厂生产加工成品。禁止进口生皮运往其他地区生产加工。1992 年 6 月 15 日，一名藏胞携带 49 张山羊皮从樟木口岸入境，检疫发现皮张带虫率达 100%，经实验室检疫鉴定为白腹皮蠹。1994 年，拉萨动植物检疫局检疫进境尼泊尔皮革 4756 张。1995 年，拉萨动植检局检疫进境尼泊尔皮革 785 张。

1996 年以后，由于尼泊尔多次发生牛、羊口蹄疫，拉萨动植检局做出规定，严禁尼泊尔未深加工牛皮进境。

2000 年，西藏检验检疫局检疫进境动物产品 1.54 吨。

(二) 油脂类

樟木口岸进境动物油脂主要是牛奶中提炼出的酥油，供西藏农牧民食用或用于点酥油灯。进境量少，仅在 1993 年从樟木口岸检疫进境动物油脂 11.77 吨。

1989 ~ 2000 年进境动物产品检疫情况见表 2 - 1 - 3。

1989 ~ 2000 年进境动物产品检疫情况表

表 2 - 1 - 3

年　份	牛皮（张）	羊毛（吨）	鲜鸡蛋（吨）	猪肉及制品（只）	动物油脂（吨）
1989	/	/	/	/	/
1990	/		1.3	60	/
1991	2710		6.7	20	/
1992	/	63.59	7.7	/	/
1993	/	/	/	/	11.77

续表

年　份	牛皮（张）	羊毛（吨）	鲜鸡蛋（吨）	猪肉及制品（只）	动物油脂（吨）
1994	4756	/	3	/	/
1995	785	/	4.3	/	/
1996	/	/	/	/	/
1997	/	/	/	/	/
1998	/	/	/	/	/
1999	/	/	/	/	/
2000	/	/	/	/	/
总计	8251	63.59	23	80	11.77

四、签证放行

进口动物、动物产品经检疫合格，拉萨动植检局在产品报关单上加盖检疫放行章或签发检疫放行通知单，予以放行。检疫不合格，签发检疫通知单。货主在入境口岸局接受审核，并进行检疫，必要时对货物存放地进行检疫。货物须运往拉萨的，拉萨将派员对审批货物进行疫情跟踪。

拉萨动植检局动物检疫单证于1992年12月1日起正式启用，样式为农业部规定的进出境动植物检疫单证式样。证书的有效期分别是：动物检疫有效期7天、动物产品检疫有效期14天、植物和植物产品的检疫有效期21天。拉萨动植检局对外出具的动植物检疫证书上除加盖检疫专用章外，签证人员只使用经国家动植物检疫局授权的检疫官（兽医官、农艺师）签字。

第二节　出境检疫

从西藏自治区口岸出境的动物品种有绵羊、山羊、牦牛、犏牛、马、骡、驴，出境动物产品有羊毛、羊绒、羊皮、牛皮等。20世纪60年代中期，活羊出境尼泊尔，是中尼双方政府签订的一项长期贸易协定，是最大宗出境动物。在樟木口岸出境活羊有国贸和边境互市贸易两种形式，吉隆口岸和普兰口岸只有边境互市贸易。出境动物产品是自治区边境贸易主要的商贸活动。以国贸和边境互市贸易两种形式进行。国贸出口一般由拉萨洗毛厂对原毛进行洗涤、消毒、包装，检疫合格后，经樟木口岸出境。

一、动物检疫

（一）马属动物检疫

马属动物（马、骡、驴）作为商贩骑乘或驮运的工具，频繁往来于尼泊尔、印度等国边境交界地区，普兰口岸出境较多的动物为马、牛、羊。出境的检疫工作，除进行马鼻疽点眼试验和马腺疫病的现场临床检疫外，还采取了指定地点放养和不定期跟踪检查的办法，最大限度地避免与西藏境内牲畜混牧，发现可疑症状，就地实施检疫。

1991 年，普兰口岸出境马匹 1 匹，询问马匹的来源地是否有疫病，并做临床检疫，未发现疫病症状。

1992 年，普兰口岸与印度通商的强拉山口再次开放，印度商人急需购买中方马属动物作为商品驮运工具，当年拉萨动植检局检疫出境马属动物 1184 匹。未检出疫病。

1993 年，拉萨动植检局对出境马属动物严格现场临床检疫，进行马鼻疽点眼法检疫，当年检疫马属动物 5186 匹。1994 年检疫出境马属动物 13 匹。1997 年检疫出境马属动物 549 匹。

1991 ~ 1997 年拉萨动植检局共检疫马属动物 6933 匹。具体情况见表 2 – 1 – 4。

（二）牛检疫

出境牛主要有牦牛、犏牛，是尼泊尔和印度商人从中国边境县购买用做商品驮运的工具。

1990 年，拉萨动植检局开始进行主要口岸及进出境尼泊尔动物传染病研究课题，对出境牛和口岸农牧民部分家畜进行疫病调查，并抽检牛血清进行实验室血清学检验，主要以牛口蹄疫、炭疽病为主，经临床检疫，血清学检验合格的予以放行。1990 年拉萨动植检局检疫出境牛 7 头，1991 年检疫出境牛 15 头。

1992 年，普兰口岸对印度开放。印度商人从中国购买驮运商品的牛 2300 头，拉萨动植检局对出境牛采取在口岸相对固定地进行饲养，临床检疫观察，查验注射口蹄疫疫苗证书，观察 3 ~ 7 天后未发现疫病症状后，放行出境。

1993 年，为进一步摸清口岸进出境动物传染病疫情，拉萨动植检局在进出境动物数量较大的普兰口岸开展进出境动物主要传染病研究，特别是对进出境的牛、羊在口岸临床检疫的同时，抽血采样，进行实验室血清检验，主要检验口蹄疫、蓝舌病、炭疽病等，检疫合格并注射口蹄疫疫苗后，方可放行。当年检疫出境牛 1482 头。1994 年，检疫出境牛 6 头，1997 年，检疫出境牛 206 头。1998 年，检疫出境牛 20 头。

2000 年，西藏检验检疫局成立，各口岸检验检疫机构对出境牛的检验检疫方法仍是现场检疫和实验室血清学检验。

1990 ~ 1998 年拉萨动植检局检疫出境牛 4036 头，具体情况见表 2 – 1 – 4。

（三）羊检疫

出境绵羊、山羊，是与尼泊尔、印度两国贸易中的主要出口动物，樟木口岸出口主要以国贸为主，边民互市为辅，出口批次少，批量大；吉隆、普兰口岸以边贸为主。1989年，樟木口岸以国贸方式首次出口活羊800只，拉萨动植检局对此组织了专业检疫组，对出口尼泊尔活羊在樟木口岸现场观察三天，进行消毒，现场临床检疫，未发现疫病症状，方予出口。

1990年，为加强对出口活羊的管理，拉萨动植检局对出口活羊除在口岸观察三天，现场消毒、临床检疫外，还要查验口蹄疫预防接种证书。当年检疫出口活羊44228只。

1991年，拉萨动植检局对出境羊进行随机抽样采血。实验室检验，检出羊布鲁氏杆菌病、羊痘等疫病。当年检疫出境活羊4494只。

1989～2000年共检疫出境羊191399只，具体情况见表2－1－4。

二、动物产品检疫

出境动物产品主要是羊皮、牛皮，出口到尼泊尔和印度。

拉萨动植检局采取对出境的皮现场消毒和检查皮张外表是否有害虫，并采皮样进行实验室作炭沉反应的方式进行检疫。具体情况见表2－1－4。

1989～2000年出境动物及动物产品检疫情况表

表2－1－4

年份	马、骡、驴(匹、头)	牛(头)	羊(只)	牛皮(张)	羊皮(张)	羊毛、羊绒(吨)
1989			8000			
1990	/	/	44228	/	8568	106
1991	1	15	4494	/	2178	272
1992	1184	2300	2542	/	24300	93
1993	5186	1482	57746	27	31503	166
1994	13	6	28641	/	/	/
1995	/	/	10759	/	200	171
1996	/	/	16557	/	/	/
1997	549	206	3443	/	1700	95.35
1998	/	20	9233	/	350	7
1999	/	/	2968	545	/	23.03
2000	/	/	2968	/	/	2088.41
合计	6933	4036	191399	572	68799	3021.79

三、签证放行

出境动物、动物产品，经检疫合格的，拉萨动植检局签发检疫放行通知单或出具相关检疫证书，予以放行。签发的证书种类和证书有效期与进境动物、动物产品相同。

第二章　植物及植物产品检疫

第一节　进境检疫

一、检疫审批

依据《动植物检疫法》规定，要求输入植物种子、种苗、邮寄植物种子及其他繁殖材料进境，因科学研究等特殊需要而引进国家禁止进境的物品，国家规定必须办理检疫审批的其他进境检疫物必须办理检疫审批手续。进口植物种子、种苗及其他繁殖材料，由引种单位或其代理人按审批权限分工，向国家（森林）植物保护总站或省、自治区、直辖市农业（林业）行政主管部门申报检疫审批；进口国家规定的禁止进境物，由进口单位或其代理人经所在地动植物检疫机关签署意见后报国家动植物检疫机关审批。

西藏的植物及植物产品的检疫审批始于1988年。审批的品种主要有面粉、茄科蔬菜和水果。

1989年，樟木、吉隆、普兰口岸的动植物检疫工作正式展开，按照国家动植检总所发布的《进口水果检疫监管办法》，对尼泊尔水果、茄科蔬菜严格审批制并控制在口岸地区内销售使用。随着进境植物及其产品逐年增加，检疫审批的品种由几种增加到几十种，重量由百吨增加到500～600吨。

1991年，拉萨动植检所向国家动植检总所递交审批权报告，是年国家动植检总所批准，拉萨动植检所自1992年1月1日起负责对尼泊尔进境运往拉萨地区的蔬菜、水果开展审批工作。

1996年12月，根据农业部要求，国家动植检局正式对进口粮食实行检疫审批制度，拉萨动植检局会同自治区粮食储备局及其他有关单位联合发布《西藏自治区粮食市场管理办法》，对进口粮食的检疫审批和监督管理做了详细规定，并于1997年1月1日起正式实行进口粮食的检疫审批制度。

1997年后，由于自治区内市场流通环节的进一步畅通，进口水果品质的下降以及价格等方面的因素，尼泊尔水果和茄科蔬菜的进口量逐年递减；与此同时，尼泊尔面粉大量进入西藏市场，检疫审批总量急剧上升。

为方便边境小额贸易进口粮食，拉萨动植检局决定对经审批、在审批有效期内多次进口，且未超过审批数量的进口粮食，可在樟木口岸凭审批单办理核销手续，做到一次审批，多次核销进口。

1992～1999年，拉萨动植物检疫局在授权范围内共办理进境植物检疫审批5717批，28588.5吨。具体情况见表2－2－1。

1992～1999年进境植物及植物产品审批表

表2－2－1

年　　份	总　批　次	数　量（吨）
1992	40	203.5
1993	45	225
1994	132	660
1995	169	845
1996	378	1890
1997	660	3300
1998	1995	9975
1999	2298	11490
合　　计	5717	28588.5

二、瓜果、蔬菜

进境瓜果在进境前须事先向动植检局提出审批申请，经审查批准后，由货主携带“检疫审批单”到樟木口岸与外商签订进境合同，货物到达口岸后凭“检疫审批单”、贸易合同等单证向口岸动植检机关报检，口岸动植检机构进行现场检疫，查验货证是否相符，是否有病、虫、杂草，发现有病、虫、杂草或可疑情况的，抽样进行实验室检疫，检疫合格的准许入境，不合格的作退回或销毁处理。

普兰、吉隆属季节性口岸，每年6～10月为开关期，尼泊尔、印度商人带少量自用蔬菜入境，口岸检疫机构进行现场检疫，实施登记管理。

1987年9月，拉萨至尼泊尔加德满都临时国际航班开通，拉萨动植检局开始对进境瓜果、蔬菜进行检疫，检疫范围主要是入境旅客携带的水果、蔬菜，量小、批次少。1988年7月，从机场进境的尼泊尔旅客携带的4公斤芒果中检查出二类危险性害虫芒果果肉象甲。

1989年9月，樟木口岸瓜果、蔬菜检疫量逐年上升。呈现出批次多、批量小，产地复杂，多货混装的特点。

1990 年 10 月，日喀则地区外贸公司从尼泊尔经樟木口岸进境一批原产于巴基斯坦的蜜枣 3360 公斤。在现场检疫时，发现蜜枣大部分被虫蛀，经实验室检疫，验证害虫为一般仓储害虫，虫蛀率为 70%，已失去食用价值，动植物樟木检疫局及时出具“检疫处理通知单”，做退货处理。

1992 年，从机场进境的旅客携带的芒果中，检出二类危险性害虫芒果果核象甲。

1992～1993 年，拉萨动植检局开展樟木口岸进境柑橘检疫程序及处理方法研究。经剖果 15000 个，获病害标本 82 份 5 种，害虫标本 417 份 28 种，杂草标本 270 份 7 种，获 4 种西藏尚未分布的害虫古象、黄斑露尾甲、杂拟谷稻、小蕈虫，获西藏尚未分布的杂草刺苞果。

1993 年 4 月 8 日，从樟木口岸入境的一批尼泊尔芒果中再次获二类危险性害虫芒果果核象甲。7 月 3 日，拉萨动植检局从加德满都至拉萨的国际航班进境旅客携带的尼泊尔芒果中检出一芒果带有 10 条幼虫，经饲养孵化成虫后，鉴定为橘小寡鬃实蝇。12 月 22 日，拉萨动植检局从尼泊尔进境的冬瓜中，检疫出南亚寡鬃实蝇。

1994 年 12 月 2 日，从尼泊尔进口的两箱西红柿中发现成熟幼虫 27 条，经截留进行实验室检疫，鉴定为瓜寡鬃实蝇。

1996 年 5 月 13 日，拉萨动植检局从进境水果市场查获 20 箱（400 公斤）非法进境芒果，经检疫发现芒果果核象甲，带虫率为 17%，虫口密度为 1.5 头/果。

蔬菜检疫除茄科类蔬菜（茄子、辣椒、西红柿）须在拉萨动植检局办理检疫审批手续外，其他蔬菜不需办理检疫审批手续。

根据《动植物检疫法》规定，1992 年 5 月，拉萨动植检局制定《樟木口岸进境水果、蔬菜补充管理办法（试行）》。为进一步加大进境植物检疫力度，1997 年 7 月，制定《樟木口岸进境植物（产品）检疫规程》，进一步规范了西藏地区进境瓜果蔬菜的检疫工作。当年检疫进境瓜果 263 批、553.5 吨，蔬菜 816 批、1334.3 吨，检疫出境瓜果 1 批、15 吨。1998 年，拉萨动植检局检疫进境瓜果 93 批、202.447 吨，蔬菜 415 批、325.2 吨。1999 年，拉萨动植检局检疫进境瓜果 93 批、87.1 吨，蔬菜 307 批、540.8 吨。

1988～2000 年进境瓜果、蔬菜检疫情况见表 2－2－2。

1988～2000 年进境瓜果、蔬菜检疫情况表

表 2－2－2

年　　份	品　　名	批　　次	重　量（吨）	国　　别
1988	瓜果	4	0.0165	尼泊尔
	蔬菜	1	0.025	
1990	瓜果	315	121.45	尼泊尔
	蔬菜	575	134.358	
1991	瓜果	/	/	
	蔬菜	/	/	
1992	瓜果	485	478.34	尼泊尔
	蔬菜	1270	855.87	
1993	瓜果	192	160.73	尼泊尔
	蔬菜	532	370.14	
1994	瓜果	/	/	
	蔬菜	/	/	
1995	瓜果	/	/	
	蔬菜	/	/	
1996	瓜果	259	311.91	尼泊尔
	蔬菜	771	967.689	
1997	瓜果	263	553.502	尼泊尔、印度
	蔬菜	816	1334.303	
1998	瓜果	193	202.447	尼泊尔、印度
	蔬菜	415	325.19	
1999	瓜果	93	87.085	尼泊尔
	蔬菜	307	540.8	
2000		/	/	

三、面粉、大米、豆类

由于尼泊尔无相应的植物检疫机构，货主或其代理提供不了输出国的检疫证书，贸易合同中也无相关的检疫条款，因此，经西藏地区进境的面粉、大米、豆类检疫以国家植检局以《动植物检疫法》第 12 条、第 14 条及农业部 1992 年 9 月 25 日颁布的《进境植物危险性病、虫、杂草名录》为依据实施检疫。货主或其代理人

在货物到达口岸时，向樟木动植检机构报检，口岸动植检人员对车厢及外包装进行现场检查，检查是否有虫、杂草等可疑情况，并随机开包对内容物进行过筛，对筛底物进行镜检。根据情况，按对角线法、五点法、随机法等方法抽取规定量的样品送实验室做进一步检疫，发现疫情的按规定做退回或销毁处理（樟木口岸由于条件限制，无法做除害处理），检疫合格的签证放行。

1987年，开始对进境面粉、大米、豆类进行检疫，面粉、大米、豆类进境的主要口岸为樟木口岸，占总量的99%以上。

1987年，拉萨至尼泊尔加德满都临时国际航班开通，部分入境登山队携带少量自用大米、面粉从贡嘎机场入境。普兰口岸也有零星进境，主要是尼泊尔、印度商人自己食用，无纯贸易进境，进境的粮谷均在区内销售，进境粮谷产地为尼泊尔。

从尼泊尔进境的面粉、大米、豆类以麻袋为外包装，面粉每袋50公斤左右，大米每袋10公斤、50公斤、80公斤不等。

1988年，拉萨贡嘎机场，从入境旅客携带的尼泊尔大米中检验出一类危险性害虫谷斑皮蠹。1989年，普兰动植检所从尼泊尔进境的大米中，检验出检疫害虫谷象。1990年，从樟木口岸入境的尼泊尔大米中检验出谷斑皮蠹，同年，从经樟木口岸入境的旅客携带的尼泊尔豌豆中截获一类危险性害虫菜豆象，从菜豆中检验出西藏无分布的危险性害虫豌豆象、咖啡豆象，全年检疫进境粮谷257批、988.8吨。1992年，拉萨动植检局从尼泊尔进境粮谷中检出白腹皮蠹、印度谷螟、米黑虫、锯谷盗、赤拟谷盗、玉米象等多种害虫，全年检疫进境粮谷342批、191.7吨。1993年，拉萨动植检局检疫进境粮谷34批、4917吨。1994年，从入境旅客和国外登山队带进的尼泊尔大米中检验出小蕈虫、黄斑露尾甲、杂拟谷盗、赤拟谷盗、谷象、锯谷盗、大眼谷盗等生活害虫。1996年，拉萨动植检局检疫进境粮谷979批、12956.86吨。

为了加强对进境粮谷的检疫力度，1997年7月，拉萨动植检局制定《樟木口岸进境植物及植物产品检疫规程》，当年检疫进境粮谷1349批、18256吨，检疫进境豆类5批4.7吨。1998年，拉萨动植检局检疫进境粮谷1250批、15024.8吨。1999年，拉萨动植检局检疫进境粮谷1273批、13424吨。2000年，西藏检验检疫局检疫进境粮谷15791.88吨。

1990～2000年进境粮谷检疫情况见表2－2－3。

1990～2000 年进境粮谷检疫情况表

表 2－2－3

年　份	品　名	批　次	重量（吨）	国　别
1990	粮食	257	988.858	尼泊尔
1991		/	/	
1992	粮食	342	191.71	尼泊尔
1993	粮食	34	49.7	尼泊尔
1994		/	/	
1995		/	/	
1996	粮谷	979	12956.86	尼泊尔
	豆类	2	3.25	
1997	粮谷	1349	18256.010	尼泊尔
	豆类	5	4.7	
1998	粮谷	1250	15024.798	尼泊尔
	豆类	4	2.88	
1999	粮谷	1273	13424.4	尼泊尔
2000		/	/	

四、药材

1990 年，拉萨动植检机构正式开展进境药材检疫。药材进境地点主要为樟木口岸，种类有藏红花、牛黄、龟板、方实、李子、沉香、藏红盐、木棉花、丁香等。

西藏地区进境药材麻袋外包装，药材到达口岸时，由货主或其代理人持贸易合同报检，检疫员用肉眼或借助简单的检疫工具对车厢四周和外包装进行检查，检查项目主要有成虫、幼虫、虫茧、杂草等，然后随机开包对货物进行检查，检查是否有病斑、病菌、成虫、幼虫、虫茧、虫粪、杂草等，按规定抽取一定量的样品进行实验室检疫。检疫合格的放行，发现疫情的按规定进行处理。

1990～2000 年进境药材检疫情况见表 2－2－4。

1990～2000 年进境药材检疫情况表

表 2－2－4

年　　份	批　　次	重量（吨）	国　　别	备　　注
1990	8	97.913	尼泊尔	国贸
1992	22	42.46	尼泊尔	国贸
1993	3	9.3	尼泊尔	国贸
1996	9	11.38	尼泊尔	
1997	19	89.88	尼泊尔	
1998	23	69.50	尼泊尔	
1999	31	123.97	尼泊尔	
2000	/	/		

五、包装及铺垫材料

1989 年，开始对进境包装及铺垫材料进行检疫。进境包装及铺垫材料主要有麻袋、纸箱、木箱、铺垫稻草、麻袋布。口岸动植检机构对包装及铺垫材料的检疫，主要采取现场检疫和实验室检疫相结合的办法。

樟木口岸是西藏地区进境包装和铺垫材料的最大口岸，口岸动植检机构多次从尼泊尔进境的包装及铺垫材料中截获自治区尚未分布或分布不广的害虫和杂草。从尼泊尔进境水果的包装和铺垫材料中截获自治区尚未分布的害虫谷象、黄斑露尾甲、杂拟谷盗、小蕈甲，西藏地区尚未分布的杂草刺苞果和其他生活害虫主要有小菌虫、锯谷盗、米扁虫、出尾锯谷盗等。

对有疫情的包装及铺垫材料按规定采取退回、销毁、改换包装等处理措施。

1990 年，检疫麻袋、木箱包装 62 批次，2531 件。1992 年，从检疫进境铺垫材料、麻袋、木质包装中检出生活害虫有黑斑露尾甲、黑皮蠹、锯胸隐食甲、烟草甲、药材甲、蚧虫。1993 年，检疫进境麻袋布、木质包装 1 万米，7745 件。1994 年，检疫进境外包装 4242 件。从外包装中检出害虫有中华粉蠹、隆胸露尾甲、二星毛蠹、赤胸露尾甲、仓潜、圆腹拟蝎。1995 年，检疫进境、麻袋布、木质包装 10630 件。1996 年，检疫包装物 18897 万米。1997 年，检疫进境麻类包装 2147 米、包装填充材料 20815 米。1998 年，检疫进境麻布类包装 20070 件、包装填充材料 7532 件。1999 年，检疫进境植物性包装及填充材料 2123 件。

1990～2000 年进境包装及铺垫材料检疫情况见表 2－2－5。

1990～2000年进境包装及铺垫材料检疫情况表

表2-2-5

年　份	包装及铺垫材料种类	批　次	数量	国　别
1990	麻袋	62	2531件	尼泊尔
	木箱			
1991	/	/	/	
1992	麻袋布	4	12.03万米	尼泊尔
	木质包装	98	3664件	
	麻袋	71	3301件	
	纸箱	7	437件	
1993	麻袋布	1	1万米	
	木质包装及麻袋	100	7745件	
1994	外包装	/	4242件	
1995	木箱、麻袋	149	10630件	
1996	包装物	171	18897件	
	麻袋布	4	118万米	
1997	麻类	11	2147件	
	包装填充材料	130	20815件	
1998	麻类	7	1507件	
	包装填充材料	56	20070件	
1999	植物性包装填充材料	30	2123件	
2000	/	/	/	/

六、签证放行

输入的动植物、动植物产品经检疫合格时，拉萨动植物检疫局在货物报关单上加盖检疫放行章或签发检疫放行通知单，予以放行；经检疫不合格，或发现有危险性病虫草害的，签发检疫处理通知单，通知货主或其代理人做除害处理，经除害处理合格的准予放行，无有效方法做除害处理的，予以退货或销毁。输入检疫审批物，货主在入境口岸除提供报检所需的证明材料外，必须持由拉萨动植检局或审批机关出具的有效的审批单，口岸局审核货证是否相符，并进行检疫，必要时对货物存放地进行检疫，检疫合格的签发放行通知单（注明品种、数量等），按标准计收费。货物运到拉萨后，须立即持证到拉萨动植检局检务，由局检务室对货主的审批单、放行单及相关证件进行核对，相符的允许在拉萨上市，并由各相关业务科室派员对审批的货物进行监管并进行疫情跟踪。

进境植物、植物产品签发的证书有效期为口岸动植物检疫机关在动植物检疫证书上签署的检疫日期至出境检疫物出境的日期为检疫有效期，植物和植物产品的检疫有效期为21天。

拉萨动植检局对外出具的动植物检疫证书上除加盖检疫专用章外，还要有经国家动植物检疫局授权的检疫官（兽医官、农艺师）的签字。

第二节　出境检疫

和平解放后，在1991年以前西藏开展了出境植物及植物产品检疫，依据国家《动植物检疫条例》和有关规定，对出境植物及植物产品检疫采取“货主自愿”原则。植物及植物产品出境时，货主向口岸动植检机构报检，口岸动植检人员对出境植物及其产品的存放仓库、堆放场所进行检疫。检疫合格的出具“检疫合格通知单”，货主凭“检疫合格通知单”报关出境。口岸现场动植检人员验证放行。检疫不合格的，做除害处理重新报检，不能做除害处理的不准出境。对货主无检疫要求的，货物到达口岸时直接向现场动植物检疫人员报检，经现场检疫登记后，符合要求的准许出境。

1992年，国家《动植物检疫法》颁布实施后，根据规定，对列入《动植物检疫法》应检的出境植物及植物产品实施检疫。主要检疫对象有茶叶、瓜果、蔬菜、中药材、干果、粮谷、饲料、油料、麻类等。

1989年，拉萨动植检局检疫出境蔬菜、药材12批166吨。1990年，检疫出境干果、油料、粮食14批172.28吨。1991年检疫出境粮谷、麻类、药材21批18.54吨。1992年检疫出境粮谷、药材30批145.15吨。1993年检疫出境蔬菜、油料、粮谷、药材112批1433.69吨。1994年检疫出境蔬菜、药材912批7311吨。1995年检疫出境蔬菜、粮谷、药材、油料232批573吨。1996年检疫出境粮谷、烟草、蔬菜、药材213批152吨。1997年检疫出境瓜果、蔬菜、药材144批180.54吨。1998年检疫出境蔬菜、药材、瓜果、茶叶468批4588.27吨。1999年检疫出境蔬菜、瓜果585批467.24吨。

1988～1999年经拉萨动植检局检疫出境的植物及植物产品无一批被退回。

一、瓜果、干果

1990年，西藏动植检机构开始对经樟木出境到尼泊尔的核桃、葡萄干等干果实施检疫，检疫遵循“随报随检”原则，货物抵达口岸现场后，货主或其代理人向现场检疫人员报检，经检疫合格的签证放行，检疫不合格的及时通知货主做除害处理或换货，避免了因樟木口岸气温高、湿度大、货物停留时间长会发生霉变而给货主造成的损失。当年检疫出境干果3批11.35吨。

1992年检疫葡萄干2批6.5吨。1995年检疫出境瓜果10批54.27吨。1997年检疫出境瓜果1批15吨。1998年检疫出境瓜果20批110.25吨。1999年检疫出境瓜果66批580.69吨。

从1990～1999年，西藏动植物检疫机构检疫出境100余批瓜果干果，无一批被退回或索赔。

1990～2000年出境瓜果、干果检疫情况见表2－2－6。

1990～2000年出境瓜果、干果检疫情况表

表2－2－6

年　份	品　种	批　次	重量（吨）	国　别
1990	核桃、葡萄干	3	11.3495	尼泊尔
1992	葡萄干	2	6.5	尼泊尔
1993	无	0	0	
1994	无	0	0	
1995	瓜果类	10	54.265	尼泊尔
1996	无	0	0	
1997	瓜果类	1	15	尼泊尔
1998	瓜果类	20	110.250	尼泊尔
1999	瓜果类	66	580.691	尼泊尔
2000	/	/	/	/

二、大蒜、生姜、蔬菜

1989年，西藏动植物检疫部门开始对出境生姜、蔬菜实施检疫。

1989～1992年，西藏出境的蔬菜类，年出境量在几百公斤。1993年，尼泊尔王国及其周边地区因发生疫情，开始从中国进口大蒜，1993年从樟木口岸出境大蒜1000余吨，1999年向尼泊尔出口蔬菜3996吨，出境大蒜、生姜、蔬菜到尼泊尔后，生姜、大蒜大部分从尼泊尔转口到印度、巴基斯坦等国，大蒜主要产自内地河南、河北、山东等省，小部分来自自治区江孜县。

1993～2000年出境大蒜、生姜、蔬菜检疫情况见表2－2－7。

1993～2000年出境大蒜、生姜、蔬菜检疫情况表

表2－2－7

年 份	品 种	批 次	重量（吨）	国 别
1993	蔬菜类	86	1046.33	尼泊尔
1994	蔬菜类	899	7306.53	尼泊尔
1995	蔬菜类	127	459.694	尼泊尔
1996	蔬菜类	60	131.925	尼泊尔
1997	蔬菜类	36	158.798	尼泊尔
1998	蔬菜类	337	3176.47	尼泊尔
1999	蔬菜类	498	3996.515	尼泊尔
2000	/	/	/	/

三、虫草、药材

1988年，西藏动植检部门开始对出境虫草、药材实施检疫。虫草主要从拉萨贡嘎机场出境，其他药材则从樟木口岸到尼泊尔，出境量也有所增加。

从樟木口岸出境的药材主要是桂皮，货物抵达口岸现场后，货主或其代理人向口岸现场动植检机构报检，口岸动植检机构主要做现场检疫，经检疫合格的，准许出境，检疫不合格的通知货主进行除害处理或换货再报检。

出境虫草检疫实施地为拉萨。外贸公司报检后，拉萨动植检局派员对虫草及仓库进行现场检疫，按规定抽样，进行实验室检疫，检疫合格的出具“植物检疫证书”，准予外运，由拉萨动植检局驻机场办事机构实施验证放行；检疫不合格的通知货主做相应处理后再报检。无有效处理方法或处理后仍不合格的，不准出境。

虫草主要出口到日本、新加坡、香港等国和地区，年出境量几百公斤。

1992年，拉萨动植检局检疫出境药材2批31.65吨，1993年检疫从樟木口岸出境的药材1批4.25吨。1994年检疫出口香港的虫草12批0.88吨。1995年检疫出境日本的虫草6批0.815吨。1996年共检疫出境药材2批31.65吨。1993年检疫出境药材21批3.676吨。1997年检疫出境药材1批0.504吨。1998年检疫出境药材7批39.053吨。

1992～2000年出境虫草、药材检疫情况见表2－2－8。

1992～2000 年出境虫草、药材检疫情况表

表 2－2－8

年　份	品　名	批　次	重量（吨）	出境口岸	国　别
1992	桂皮	2	31.65	樟木	尼泊尔
1993	药材	1	4.25	樟木	尼泊尔
1994	虫草	12	0.88	贡嘎机场	香港
1995	虫草	6	0.815	贡嘎机场	日本
1996	药材	21	3.676	樟木	尼泊尔
1997	药材	1	0.504	樟木	尼泊尔
1998	药材	7	39.053	樟木、贡嘎机场	尼泊尔、香港
1999	/	/	/	/	/
2000	/	/	/	/	/

四、茶叶

砖茶是一种较特殊的制成品，感染病、虫、杂草的几率较其他植物及植物产品小。检疫中主要是对车厢四周进行检疫，检查是否感染害虫、杂草，再对货物由外到里随机抽检，检疫合格的准许出境。

出境茶叶检疫始于 1995 年，主要以砖茶为主，出境口岸为樟木口岸，主要出口尼泊尔。

1995 年，拉萨动植检局检疫出境茶叶 4 批 850 件，1996 年检疫出境茶叶及其他饮料原料 16 批 6882 件，1997 年检疫出境茶叶及其他饮料原料 16 批 6882 件，1998 年检疫出境茶叶及其他饮料原料 2 批 6240 件。

1995～2000 年出境茶叶检疫情况见表 2－2－9。

1995～2000 年出境茶叶检疫情况表

表 2－2－9

年　份	品　名	批　次	重量、数量	国　别
1995	茶叶、饮料原料	4	4 吨 850 件	尼泊尔
1996	茶叶及其他饮料原料	16	6882 件	尼泊尔
1997	茶叶及其他饮料原料	2	6.24 吨	尼泊尔
1998	茶叶及其他饮料原料	1	8 吨	尼泊尔
1999	/	/	/	/
2000	/	/	/	/

五、粮谷

出境粮谷主要种类为青稞、豌豆，产地为西藏自治区。出境口岸为樟木口岸，主要出口到尼泊尔。出境量最高时年出境量十余吨。由于出境粮谷批次少，批量小，检疫中主要以口岸现场感观检疫为主。

1990年，检疫出境到尼泊尔的粮食2批、1.45吨。1992年检疫出境到尼泊尔的粮食17批、10.1吨。1993年检疫出境粮食1.16吨。1995年检疫出境豆类4批、13.58吨。1996年检疫出境豆类4批、16.4吨。1998年检疫出境豆类1批、0.65吨。1999年检疫出境豆类3批、12.03吨。

2000年西藏检验检疫局共检疫出境粮谷8060.63吨。

1990～2000年出境粮谷检疫情况见表2－2－10。

1990～2000年出境粮谷检疫情况表

表2－2－10

年　份	品　名	批　次	重量（吨）	国　别
1990	粮食	2	1.455	尼泊尔
1992	粮食	17	10.1	尼泊尔
1993	粮食	2	1.16	尼泊尔
1995	豆类	4	13.58	尼泊尔
1996	豆类	4	16.4	尼泊尔
1998	豆类	1	0.65	尼泊尔
1999	豆类	3	12.03	尼泊尔
2000	/	/	/	/

六、签证放行

经检疫合格或除害处理合格的出境植物、植物产品，拉萨动植检局签发检疫放行通知单或出具相关检疫证书。

出境植物、植物产品签发的证书和证书的有效期限与进境植物、植物产品签发的证书及证书有效期限相同。

第三章　其他物品检疫

第一节　陆路、空港旅客携带物检疫

一、陆路旅客携带物检疫

1989年，樟木、普兰、吉隆动植物检疫机构成立后，开展陆路出入境旅客携带物的检疫工作。其中从樟木口岸出入境的旅客最多，旅客大部分是来自欧、美、日等国的旅游、登山爱好者。旅客都携带自用的动植物及其产品，其中登山队携带的动植物及动植物产品多，携带物产地多。携带物种类有粮食、水果、蔬菜、花卉、肉类、伴侣动物、动植物类手工艺品等。

由于入境旅客携带物品种多、产地多、疫情较复杂，其检疫较严。出境旅客大多在国内已停留一段时间，携带物大都产自国内，因此，对出境旅客携带物的检疫一般较松。出境旅客携带有中国规定禁止出境的动植物及其产品（如珍贵动植物标本、资源及濒危物种）时，拉萨动植检机构予以没收并上交有关部门。

携带动植物及其产品和其他检疫物入境时实施以下检疫：

1. 现检现放。对旅客携带的不属于"禁止入境物名录"，并经现场检疫未发现病、虫、害的动植物及产品，随检随放，如旅客自用的少量花卉观赏植物及干果等。

2. 退回或销毁。对入境携带国家禁止携带的动植物及产品，如水果、茄科类蔬菜（蕃茄、茄子、辣椒等）、大豆、玉米种子及其制品，生肉类等动物产品，均按规定做限期退回或没收销毁处理，并出具"出入境旅客携带物留检/处理凭证"。限期退回的物品，携带人必须在规定时间内持"截留凭证"领取并携带出境，逾期不领按自动放弃处理。

3. 截留检疫。对检疫现场不能得出检疫结果，需做实验室检疫或隔离检疫的物品，由动植物检疫机构出具"出入境旅客携带物留检/处理凭证"，截留检疫合格的物品，携带人持"截留凭证"向动植物检疫机构领回，逾期不领的物品按自动放弃处理。

4. 种苗检疫。旅客携带种子、种苗及其他繁殖材料入境，必须出示"引进种子、苗木检疫审批单"，并按审批单进行检疫；如因特殊情况无法事先办理审批手续的，可在规定时间内补办审批手续，货物先做截留处理。

5. 动物检疫。旅客携带《中华人民共和国禁止携带、邮寄入境的动物、动物产品和其他检疫物名录》中动物、动物产品入境，做退回或销毁处理。携带名录以外动物入境，必须持有动物输出国家或者地区政府动植物检疫机构出具的检疫证书，入境时接受动植物检疫机构检疫，经检疫合格后放行。携带猫、犬等宠物入境必须持有疫苗接种证书，无检疫证书、疫苗接种证书者，由口岸动植物检疫机构做限期退回或没收销毁处理。

1991 年，从樟木口岸入境的尼泊尔旅客携带的菜豆中截获一类危险性害虫菜豆象，从樟木口岸入境的外国旅客携带的豌豆和另一种寄主中检验出西藏地区尚无分布的毁灭性害虫豌豆象和咖啡豆象。对上述携带物做了销毁处理。

1992 年 6 月 15 日，一名藏胞携带 49 张山羊皮从樟木口岸入境，检查发现皮张带虫率达 100%，经室内镜检鉴定为白腹皮蠹，樟木动植检局及时签发检疫处理通知单，做销毁处理。

随着改革开放的不断深入，到西藏旅游的旅客日益增多，为使携带物检疫工作更加规范，1994 年 4 月，根据《动植物检疫法》有关规定，结合西藏实际，拉萨动植检局制定《拉萨动植检局旅客携带或托运动植物（产品）程序》。多次从樟木口岸入境旅客的携带物中检出一、二类危险害虫及一般生活害虫。

二、空港旅客携带物检疫

1987 年 9 月 12 日，拉萨至加德满都不定期临时国际航班开航，开始了空港旅客携带物检疫工作。

对空港出入境旅客携带物的检疫，拉萨动植检局采取“入境严，出境松”的原则。检疫程序与陆路口岸携带物检疫程序同。在空港旅检工作中，按照“检疫与宣传相结合”的原则，在加强检疫的同时，强化法制宣传工作，要求旅客积极配合，并及时向出入境旅客散发“出入境旅客携带物检疫须知”等宣传品，使出入境旅客对动植物检疫有一定的认识和了解。

1987 年检查 126 人，检疫香蕉 50 公斤、苹果 50 公斤、橘子 25 公斤、梨 25 公斤，均无疫病。

1988 年，从机场入境旅客携带物中检出一类危险性害虫谷斑皮蠹。同年 7 月，从机场入境尼泊尔旅客携带的 4 公斤芒果中检出二类危险性害虫芒果果肉象甲。

1993 年 7 月 3 日，从机场入境的中国援外工作人员携带的尼泊尔芒果中检出橘小寡鬃实蝇。同年在樟木口岸入境人员携带的芒果中查出芒果果肉象甲和果核象甲。

1994 年 5 月 2 日，尼泊尔参议院 5 位部级外交官从机场入境，根据《动植物检疫法》的规定，机场检疫人员对 5 位外交官所带行李中的应检物进行了现场检疫，其中 3 件木制雕刻摆设物木质坚固，无虫蛀现象，予以放行。7 月 9 日，拉萨动植检局机场旅检人员对入境旅客货物实施检查时，中科院成都生物研究所未经申报审批擅自引进一批货物。货物到达贡嘎机场后也未进行报检，两种苗木共 7 箱，其中 5 箱芒果幼苗10株,2箱欧洲坚果幼苗30株,拉萨动植检局按规定截留。同时签发截留处理通知单寄给货主,并要求货主补办手续。这些苗木经检疫未发现国家规定禁止进境的植物危险性病虫害,遂对该批苗木进行了换土、消毒处理。

西藏自治区空港、陆路入境旅客检疫情况见表2-3-1。

西藏自治区空港、陆路入境旅客检疫情况表

表2-3-1

年份	入境口岸	人数	携带检疫物种类	疫　情
1987	贡嘎机场	126	香蕉50公斤、苹果50公斤、橘子25公斤、梨25公斤	
1988	贡嘎机场	3014	葡萄8公斤、香蕉2公斤、芒果2.5公斤、马铃薯25公斤、柠檬4公斤、树苗60株	芒果果肉象甲、谷斑皮蠹
1991	贡嘎机场	5304	菜豆、豌豆、牛肉干、奶渣、水果0.086吨	菜豆象、豌豆象、米扁虫、咖啡豆象、锯谷盗
1992	贡嘎机场	6368	奶酪0.02吨、水果0.03吨	杂拟谷盗、阔角谷盗、玉米象、白腹皮蠹、芒果果肉象甲、芒果果核象甲
	樟木口岸	2628		
1993	贡嘎机场	5922	动植物产品0.085吨	芒果果肉象甲、芒果果核象甲、橘小寡鬃实蝇
	樟木口岸	1343		
1994	贡嘎机场	7300	粮食类31.5公斤、水果类36公斤、苗木两种120株、花环12串、伴侣动物10只	从机场截获的5公斤大米中检出4科5种生活害虫和赤拟谷盗、米象、锯谷盗
	樟木口岸	1315		
1995	贡嘎机场	8712	粮食、水果	米象、橘小寡鬃实蝇
	樟木口岸	610		
1996	贡嘎机场	8792		
1997	贡嘎机场	8620		
1998	贡嘎机场	11576		
1999	/	/	/	/

第二节　邮寄物检疫

1990年3月26日，拉萨动植检所开始在拉萨邮政局国际交换局对出入境包裹实施检疫。

西藏自治区出境邮件多，进境邮件少。出境邮件主要是牛肉干、奶渣等动物产品，进境邮件多为腊肉等动物产品。

拉萨动植检机构按照入境严、出境松的原则进行检疫，邮寄动植物、动植物产品和其他检疫物进境，由拉萨动植检机构在国际邮件交换局实施检疫，未经检疫不得运递；经现场检疫，未发现一、二类危险性病虫草害和禁止进境物，放行交运递；发现一、二类危险性病、虫、草害或禁止进境物，出具“检疫处理通知单”，做销毁或退回处理，并注明原因。邮寄出境的动植物及其产品和其他检疫物，物主有检疫要求时，由拉萨动植检机关实施检疫；物主无检疫要求则不实施检疫；对邮寄国家规定禁止出境的物品，做截留没收处理。

1993年7月2日，拉萨动植检人员从寄往香港的印刷品中查出采集于墨脱县的33只蝴蝶标本，这是国家明令禁止的出境标本，拉萨动植检局立即对该批昆虫标本做截留处理，并出具“检疫处理通知单”。

携带检疫物进境，现场检疫合格的，物品当场放行，需要做实验室检验或其他检疫的，签发截留凭证，予以留检或做进一步处理（例如换土等）；截留检疫合格物品，携带人持截留凭证领回检疫物。携带禁止进境物予以没收销毁。

1991～2000年邮寄物检疫情况见表2－3－2。

1991～2000年邮寄物检疫情况表

表2－3－2

年份	邮件总数（件）	出境邮件（件）	入境邮件（件）	出境邮寄物种类	入境邮寄物种类
1991	439	26	1	牛肉干、奶渣、牦牛尾、牛羊皮	腊肉
1992	194	/	/		
1993	46	37	9	干肉、奶渣、糌粑、豌豆共82.5公斤	香肠、腊肉、玉米、茶叶共3.5公斤
1994	26	25	1	动植物产品59.5公斤	动植物产品3公斤
1996	57	/	/		
1997	91	/	/		
1998	27	/	/		
1999	/	/	/		
2000	/	/	/		

第三节　运输工具检疫

西藏自治区出入境运输工具有三种：飞机、汽车、驮畜。

1987年9月12日，拉萨至加德满都临时国际航班通航，对出入境飞机的检疫消毒工作随即展开。拉萨动植检机构对入境飞机的检疫主要采取对机组人员进行询问，查看货舱清单，检查客舱和货舱是否有动植物疫情，并对客舱和货舱用强力消毒液或专用消毒液进行消毒。

1989年，樟木动植检所开始对出入境汽车进行检疫消毒。樟木出入境的汽车主要是从尼泊尔装运入境货物进境，一般当天即返回尼泊尔。对入境汽车的检疫主要采取询问司乘人员运输路径、货物情况等，对车厢进行查验，检查是否有动植物疫情情况，同时对入境汽车做轮胎和车厢消毒。消毒液一般采用夫尔马林液或其他专用消毒液。

普兰与印度、尼泊尔接壤，不通公路，入境货物都由马、牛、骡、驴、羊驮运，每年6~10月为通商期。1989年，普兰动植检所成立并开展工作，对入境驮畜的检疫主要是进行动物临床检查，检查是否有一、二类动物传染病和寄生虫病。植检以现场检疫为主，检出口蹄疫、蓝舌病、牛肺疫等疫病。

1990年，拉萨动植检局从进出境驮畜中检出牛口蹄疫5头、牛蓝舌病17头、羊布鲁氏杆菌病9头，令病畜从原路返回。当年检疫进境驮牛670批、1843头；羊93批、6044只；马属动物650批、5293匹。

1990~1999年出入境运输工具检疫情况见表2-3-3。

2000年，西藏检验检疫局检疫进境飞机76架、出境飞机81架；检疫进境车辆3806辆；检疫进境羊6916只、出境2968只。

1990~1999年出入境运输工具检疫情况表

表2-3-3

年份	飞机(架次)		汽车(辆)*	驮畜*			疫情
	入境	出境		牛(批次)	羊(批次)	马属动物	
1990	/	/	/	670批1843头	93批6004只	650批5293匹	
1991	84	84	/	348批3800头	120批17200只	428批2600匹	口蹄疫:牛3批17头;绵羊8批287只。
1992	76	76	115	7885头(只、匹)			口蹄疫
1993	60	64	3091	441批1395头	114批5617只	715批5186匹	
1994	64	66	5396	89批408头	18批951只	351批2387匹	
1995	72	73	2766	141批755头	17批1181只	409批3170匹	

续表

年份	飞机（架次）		汽车（辆）*	牲畜 *			疫情
	入境	出境		牛（批次）	羊（批次）	马属动物	
1996	74	75	3237	/	/	/	
1997	77	77	4965	/	/	/	
1998	92	96	5081	/	/	/	
1999（1～10月）	84	85	4725	/	/	/	

*表中所列为入境，出境与入境数量相同。

第三篇
卫生检疫

出入境卫生检疫包括对出入境人员、车辆、行李、货物的检疫查验，对出入境人员实施传染病监测体检，对口岸卫生状况及公共场所进行监督管理。从1977年开始，对樟木口岸出入境人员、交通工具等实施卫生检疫。1987年9月12日，拉萨至尼泊尔加德满都国际航班通航后，在贡嘎机场对出入境人员、交通工具等实施卫生检疫。1991年9月，樟木卫检所从入境的尼泊尔边民中查出霍乱9例，及时采取措施，防止了疫情蔓延。1993年、1997年，拉萨卫检局在对外籍人员例行血清学检测中查出两例艾滋病病毒感染者，根据《艾滋病监测管理的若干规定》，会同外管部门监护离境。1977～1999年，西藏地区共查验出入境人员4403255人次，检疫出入境汽车68386辆、飞机1788架次。

第一章　出入境人员检疫

第一节　拉萨航空口岸出入境人员检疫

一、入境检疫

1987年9月12日，拉萨至加德满都航线正式通航后，拉萨卫检局对出入境人员实施检疫查验。出入境人员查验主要是查验健康证明书、预防接种证书和旅客健康状况，向旅客提供健康咨询。旅客健康状况查验主要查验鼠疫、霍乱、黄热病以及中国禁止入境的5种疾病。入境人员填写“入境人员健康申明卡”，检疫人员观察旅客健康状况。

1988年，共完成入境旅客1864人次的卫生检疫查验任务。

1990年8月，尼泊尔发生霍乱，根据卫生部《关于中国公民出入境提交健康证明的通知》，拉萨卫检局加强对入境人员的检疫查验，严格要求旅客填报健康申明卡，认真查阅预防接种和健康体检证件，防止霍乱病传入。1990年，完成入境人员检疫查验3686人次，其中旅客2564人次，员工1122人次。

1991年，检疫查验入境人员4232人次，其中交通员工1312人次。检疫出3名感冒患者，1名高原肺气肿患者和1名急性胃肠炎患者。

1992年，检疫查验入境人员6434人次。其中中国籍人员477人次，外籍人员5958人次，交通员工1352人次。

1993年，检疫查验入境总人数6554人次。其中中国籍旅客514人次，外籍旅客6040人次，交通员工1042人次。入境现场开展HIV血清检测246人，检出HIV阳性1例。

1996年，检疫查验入境旅客7608人次。其中中国籍旅客321人，外籍旅客7287人。现场HIV血清检测1992人，检验结果均为阴性，检疫查验来藏长住外籍人员、留学生68人；查出乙肝表面抗原阳性2人，阳性率为2.9%。

1997年，检疫查验入境旅客总人数为9547人次。其中中国籍旅客379人次，外籍旅客9168人次。入境HIV血清检测126人，体检来藏长住外籍人员、留学生79人，检出HIV阳性1人，检查率为1.26%。检出乙肝表面抗原阳性3人，阳性率为3.79%。

1998年，检疫入境旅客13472人次。其中中国籍人员578人次，外籍人员12894人次。

1999年，检疫入境旅客12397人次。其中中国籍人员725人次，外籍人员11672人次，现场HIV血清检测52人。

2000年，西藏检验检疫局检疫入境旅客10325人次。

二、出境检疫

1987年，检疫查验出境交通员工204人次，出境旅客1562人次。

1988年，检疫查验出境交通员工816人次，出境旅客1637人次。

1989年，国家卫生部下发《关于中国公民出入境提交健康证明的通知》，拉萨卫生局严格按通知精神进行卫检，全年办理出境人员预防接种证和健康体检证45人次。

1990年，检疫查验出境人员3845人次，签发国际旅行健康证68份。

1991年，检疫查验出境人员4667人次，健康体验162人，签发霍乱预防接种证162人。

1992年1月1日，拉萨卫检机构上划国家卫生总局后，机场检疫查验人员力量得到加强，检疫查验工作逐步走向规范化，共检疫查验出境旅客6479人次。其中中国籍旅客543人次，外籍旅客5936人次。

1993年，检疫查验出境旅客5298人次，其中中国籍旅客1416人次，外籍旅客3882人次。

1995年，检疫查验出境人员6502人次，其中中国籍旅客444人次，外籍旅客6058人次。办理健康证明97人次，签发霍乱预防接种证书102份。

1996年，检疫查验出境旅客7790人次。

1997年，检疫查验出境旅客9781人次，其中中国籍旅客249人次，外籍旅客9532人次。

1998年，检疫查验出境旅客10214人次，其中中国籍人员612人次，外籍人员9602人次。

1999年，检疫查验出境旅客10723人次，其中中国籍人员689人次，外籍人员10034人次。

2000年，西藏检验检疫局检疫查验出境旅客8859人次。传染病监测体检671人次。

第二节　樟木陆路口岸出入境人员检疫

樟木口岸出入境人员主要是尼泊尔边民、国内外旅客、边贸集市交易人员、客商等。樟木卫检局依据中华人民共和国《国境卫生检疫法》及其《实施细则》的规定，加大对口岸出入境人员的检疫查验力度，随时掌握毗邻国家的疫情动态，采取有效的预防对策，检疫采取填报旅客健康申明卡、查旅行史、健康观察和临床检查、查阅预防接种证书和健康证明等程序，按照“一般从简、重点检疫”的原则，发现染疫人和染疫嫌疑人，给予隔离、留验、就地诊验和必要的卫生处理，以控制传染源，切断传播途径，防止传染病传入传出。

1977 年樟木卫检所成立后进行一般检疫和卫生处理，至 1991 年，樟木卫检所共检疫查验出入境尼泊尔边民 308127 人次，传染病监测体检 1010 人次。检出梅毒 1 例，乙肝表抗阳性 127 例，肺结核 236 例。

1991 年 9 月 14 ~ 24 日，樟木卫检所连续从入境的尼泊尔边民中查出 9 例带有霍乱弧菌的腹泻病人，及时采取隔离措施，防止了疫情蔓延，保护了口岸周围人群的健康。

1992 年,樟木卫检局由国家卫检总局统一管理,为进一步做好口岸卫生检疫工作,樟木卫检局制定了《入境人员卫生检疫工作规程》和《出境人员卫生检疫工作规程》。当年检疫查验出入境尼泊尔边民 194434 人次、出入境外国旅客 7093 人次、出入境交通员工 1391 人次、出入境中国旅客 2949 人次,传染病监测体检 476 人次,检出乙肝表抗阳性 35 例。至 1999 年,樟木卫检局共检疫查验出入境尼泊尔边民 4136498 人次,尼籍旅客 2296 人次,入境外国旅客 37538 人次,出境外国旅客 49186 人次,入境中国旅客 10807 人次,出境中国旅客 11392 人次。具体情况见表 3 - 1 - 1。

2000 年,西藏检验检疫局下属分支局樟木出入境检验检疫局检疫查验出境人员 73933 人次,入境人员 75331 人次。

出入境人员检疫查验情况表

表 3 - 1 - 1

年份	出入境边民（人数）	尼籍旅客（人数）	入境外国旅客（人数）	出境外国旅客（人数）	入境中国旅客（人数）	出境中国旅客（人数）
1971 ~ 1991	3081217					
1992	194434		2574	4519	1258	1691
1993	141000	729	2765	5160	2046	1593
1994	155383	643	6238	4327	1503	1370
1995	87872		4079	486		
1996	171030	384	7239	5561	1216	1229
1997	98724	215	3127	4717	1320	1856
1998	69905		5426	10281	1442	1718
1999	136933	325	7320	10542	1536	1865
合计	719847	3863	33429	35914	8520	11392

第二章　出入境交通工具检疫

第一节　飞机检疫

飞机检疫查验分入境查验和出境查验，飞机查验登机进行。入境查验内容主要是询问旅客健康状况、索取总申报单、旅客名单、货物仓单、查阅机组人员健康证书等，经判定无染疫或染疫嫌疑后通知旅客下机，再对飞机进行查验。出境飞机查验在旅客登机前进行，查验内容主要是检查飞机的卫生状况、有无病媒昆虫、啮齿类动物等，对机上食品饮料、饮用水进行卫生检查，必要时进行采样检疫和卫生处理。

1987年，拉萨至尼泊尔加德满都包机航线开通，拉萨卫检所开始对飞机的卫生进行检疫，至2000年共检疫查验出境飞机903架次，入境飞机885架次。具体情况见表3-2-1。

出入境飞机检疫情况表

表3-2-1

年　份	出境飞机（架次）	入境飞机（架次）	备　注
1987	12	12	
1988	48	48	
1990	66	66	
1991	84	84	
1992	76	76	
1993	64	60	
1994	66	64	

续表

年　　份	出境飞机（架次）	入境飞机（架次）	备　　注
1995	73	72	
1996	75	74	
1997	77	77	
1998	96	92	
1999	85	84	
2000	81	76	

第二节　汽车检疫

1977年，樟木卫检所开始在口岸联检现场对往来于加德满都和樟木口岸间的出入境汽车实施检疫查验。采取对尼泊尔入境车辆进行卫生检疫消毒，填报入境车辆卫生申报单，书面申报交通工具的卫生情况，经现场卫生检疫人员查验，合格后签署意见放行。至1991年，樟木卫检所共检疫查验出入境汽车13407辆。

1992年以后，出入境人员日益增多，交通工具往来频繁，为适应口岸工作需要，樟木为卫检局制定《入境车辆卫生检疫工作规程》和《出境车辆卫生检疫工作规程》。1992年，樟木卫检局检疫出入境汽车1391辆，1993年检疫出入境汽车6646辆，1994年检疫出入境汽车4523辆，1995年检疫出入境汽车6550辆，1996年检疫出入境汽车4679辆，1997年检疫出入境汽车5733辆，1998年检疫出入境汽车6659辆，1999年检疫出入境汽车11186辆，2000年，检疫查验出入境汽车7612辆。

第三章　国际邮包检疫

第一节　入境邮包检疫

根据中华人民共和国《国境卫生检疫法》及其《实施细则》和《邮政法》，卫生检疫部门驻邮局办事处现场对入境邮包进行申报和检查。

1995 年 8 月，拉萨卫检局在拉萨市邮政局设立国境卫生检疫窗口，对国际邮包实施流行病学调查和现场卫生检疫工作。当年检疫邮包 800 件，其中食品类 550 件、药品生物制品类 10 件、服装类 13 件、其他 110 件，未检出致病微生物和病媒昆虫。

1996 年，检疫邮包 950 件，其中食品类 600 件、药品生物制品类 18 件、服装类 115 件、其他 217 件，未检出致病微生物和病媒昆虫。

1997 年，检疫邮包 1100 件，其中食品类 805 件、药品生物制品类 25 件、服装类 150 件、其他类 120 件，未检出致病微生物和病媒昆虫。

2000 年，西藏检验检疫局下属卫生与食品监督检验处，负责对国际邮包进行卫生检疫。

第二节　出境邮包检疫

根据中华人民共和国《国境卫生检疫法》及其《实施细则》和《邮政法》，卫生检疫部门驻邮局办事处现场对出境邮包进行申报和检查。

1995 年，拉萨卫检局开始对出境国际邮包实施卫生检疫工作。当年检疫邮包 950 件，其中食品类 210 件，药品、生物制品类 230 件，其他类 510 件，通过检疫均合格。

1996 年，检疫出境邮包 1200 件，其中食品类 260 件，药品、生物制品类 340 件，其他 600 件，通过检疫均合格。

1997 年，检疫出境邮包 1500 件，其中食品类 320 件，药品、生物制品类 480 件，其他 700 件，通过检疫均合格。

2000 年，西藏检验检疫局检疫出境邮包 140 件。

第四篇

科研与交流交往

西藏商检动植检、卫检科研与实验室工作是随着不同时期进出口商品、出入境动植物及其产品的结构变化，出入境人员疫病的变化而逐步进行的，至1999年8月，西藏商检局系统有定级实验室3个，仪器设备96台，完成相当于省部级科研工作3项；拉萨动植检局系统有实验室2个，仪器设备55台，完成相当于省部级科研工作3项；拉萨卫检局有实验室2个，仪器设备19台；樟木卫检局有实验室4个，仪器设备25台。

第一章　科　研

第一节　科研项目

1990年1月2日，根据国家商检局文件精神，针对西藏地区出口羊绒毛类检验的特点，西藏商检局开始研究制定适合西藏地区出口原羊毛类特征的标准，并将《重量计价出口西藏绵羊原毛检验规程》作为修订标准向国家商检局申报。该标准于1996年8月，由国家商检局以SN/T标准发布。

为加强对科研工作的管理，1990年3月15日，西藏商检局成立科技管理领导小组，组长由副局长扎西多杰担任，同年，科技管理领导小组制定西藏商检局“八五”科技发展课题——《研制识别原毛掺假作伪的快速检测方法》、《西藏地区出口松茸检验标准》、《西藏地区出口大蒜的检验标准》和《研究有高原特色的管理模式，进行软科学的开发和应用》。

1990~1991年，拉萨动植检局承担并完成了自治区科委立项的《西藏主要口岸及部分地区牦牛主要传染病研究》课题，获自治区科技进步二等奖。主持人潘祖福，主要研究人员有尼玛、徐大师、李文全、赤来加措和索朗。课题对4个地（市）11个县牦牛及尼泊尔牦犏牛采用血清学检验方法，研究全区牦牛主要传染病，检出牦牛主要传染病13种，感染率最高为钩端螺旋体病，其中6种传染病为国家规定的进出境动物检疫对象。同时完成《西藏主要口岸进出境尼泊尔动物主要传染病的研究》课题，获自治区科技进步三等奖，主持人潘祖福，主要研究人员有徐大师、尼玛、洛桑贡布、李文全、代建西、赤来加措、索朗和边巴顿珠。课题通过对樟木、普兰、吉隆等口岸进出境动物的28种动物传染病采取血清学、平板凝集反应等方法进行研究，检出动物传染病20种，其中14种为国家规定的检疫对象。检出的绵羊进行性肺炎是自治区首次检出的绵羊传染病，尼泊尔过境动物传染病口蹄疫感染率最高。通过研究，基本掌握了全区主要口岸动物传染病的种类、分布及危害情况，为进出境动物检疫和边境县动物传染病防、检、监提供了科学依据。完成《西藏主要口岸进出境植物及动植物产品病、虫、害调查研究》课题，获自治区科技进步三等奖和国家动植物检疫局口岸科技进步二等奖。主持人崔广程、邹立，主要研究人员王淑华、赵光辉、尼玛参拉、张同昆、姚永松、贡觉欧珠、次仁卓嘎、次仁桑珠。课题通过对樟木口岸经营动植物及其产品的27家进出口公司的仓库，采取棋盘式抽样调查，共采集害虫标本486号，经鉴定，共有三目十科十六种仓虫，同时，从尼泊尔进口大米中查获植物检疫对象谷斑皮蠹。

1992年1月，西藏商检局将科技工作纳入目标责任制考核内容，对完成科技成果的工作人员实行奖励。

根据国家卫生部、外交部，公安部等七部委《关于开展艾滋病监测的若干规定要求》精神，1992年，拉萨卫检所向自治区科委申请立项《艾滋病、性病在西藏地区流行趋势和控制对策的研究》课题，自治区科委对项目进行了评审，同意立项并拨付项目经费3万元。项目为自治区预防、控制艾滋病、性病的感染，为提高全社会的健康意识提供数据材料，监测和预防控制艾滋病、性病的对象和范围以卫生部规定的十类高危人群设定，主要对拉萨市区、亚东县、樟木口岸的高危人群实施艾滋病病毒、梅毒螺旋体病、淋球菌、沙眼衣原体、加德纳菌、乙型肝炎表面抗原等项进行检验。

1992年12月，拉萨动植检局组织成立西藏动植物检疫学会，协会共举办了三次大型学术交流会，收到学术论文65篇，先后有34篇论文获得奖励。

1993年7月，西藏商检局设置科技办公室，专门负责科技管理工作，制定《西藏商检局科技工作管理办法》，对商检科技成果鉴定、登记、奖励制度实行完善化管理。

1993～1994年，拉萨动植检局完成《西藏普兰进出境动物主要传染病研究》课题，获1995年自治区农委科技进步二等奖和自治区首届青年科技工作者学术年会一等奖，主持人徐大师，主要研究人员刘忠清、尼玛、尼玛格桑、赤来加措、朱超、李文全、扎桑。同时完成《尼泊尔进口鸡检疫程序和处理方法的研究》课题，获1995年自治区农委科技进步三等奖。主持人潘祖福，主要研究人员孔凡义、尼玛、徐大师、刘忠清、李文全、赤来加措、扎桑。

1994～1995年，拉萨动植检局完成《樟木口岸进境橘柑检疫程序和处理方法的研究》课题，获1995年自治区农委科技进步三等奖和自治区首届青年科技工作者学术年会二等奖，主持人赵光辉，主要研究人员张同昆、罗志萍、姚永松。

1995年10月，尼玛参拉撰写的《拉萨贡嘎机场进出境旅客携带物检疫浅析》在第二届全国青年植物检疫工作者学术研论会上被评为优秀论文。

1995年11月，西藏商检局根据进出口藏香及出口红景天饮料检验需要，将《进出口藏香检验规程》和《出口红景天饮料检验规程》两个课题向国家商检局申请立项，1996年3月获批准。

1996年2月9日，西藏商检局下发《西藏商检局科技奖惩实施细则》，科研技术人员根据检验工作需要，制定《纤维长度简易测量方法》、《固体比重测定法》和《西藏地区出口虫草感观检验及等级划分方法》三项非标准检验方法。对出口硼镁矿石检验标准，经过反复实践、多次论证，对原国家标准中部分分析方法提出修改意见。

1996年6月5日，邹立撰写的《尼泊尔、印度植物检疫疫情初步分析》在中国植物检疫协会召开的首届全国青年植物检疫工作者学术讨论会上被评为优秀论文。

同年，由西藏商检局玉立、车永义、王仁俊等人完成的《重量计价出口西藏绵羊毛检验标准》获得国家商检局审批，以SN/T标准发布。

1997年，西藏商检局成立科学技术委员会，副局长支毅隆担任主任。当年，完成《进出口藏香检验规程》送审稿，将《出口手工结扣西藏地毯检验规程》翻译成商检系统第一个藏文版标准。

1998年，局科技委根据国家商检局对科研工作的总体要求，制定《关于加强西藏商检科研工作的意见》。

1999年8月，《进出口藏香检验规程》在北京通过审定。

1990年11月，西藏商检局制定《出口红景天饮料检验规程》，完成送审工作。

1998年8月，全国高原旅行保健学术会议在拉萨召开，全国各卫生检疫机构的60余人参会。拉萨卫检局完成的《九例高原旅行者死因分析》、《入境外国人传染病监测分析》和《环境危害旅行者健康的研究》三篇论文作为大会资料交流。

1998年11月，第四届中国国际旅行保健学术大会召开，拉萨卫检局提交的《126例高原旅行者传染病监测分析》、《九例高原旅行者死因分析》在大会交流并获论文证书。

1999年9月12日，在泰国第四届世界中西医结合学术论坛及卓越医学家交流会上，拉萨卫检局提交的《高原旅行者死因分析》在大会交流并获奖。

2000年，西藏商检局王顺芝、高红云等人完成的《进出口藏香检验规程》经国家检验检疫局批准，以SN/T0963—2000标准发布。

第二节　科研设施

一、实验室

1979年，樟木口岸建立2个商检实验室，面积80平方米。设置显微镜检视台、大型化验台和物理试验台各一个，并配备有玻璃仪器和化验药物试剂，开展农畜产品常规项目的检验。

1986年，西藏商检局筹建农畜食品实验室和物理实验室，为加强实验室建设与管理，1989年9月，西藏商检局制定《各级技术责任制和岗位责任制》，并编写《西藏商检局农畜食品实验室质量手册》和《西藏商检局物理实验室质量手册》。

1990年9月30日，西藏商检局农畜食品实验室与物理实验室通过国家商检系统二级实验室考核认证。

1990年，在内地省市区卫检局的帮助下，樟木卫检所开始建立实验室，至1999年9月，樟木卫检局建有微生物实验室、细菌实验室、血清学检验室、临床体检室。实验室工作人员8名，其中中级职称3名，初级职称5名。开展检测项目有微生物检验、细菌检验、HIV、RPR检验、食品从业人员健康体检。

1991年，根据检验工作需要，西藏商检局分别在樟木口岸成立纺织品实验室、农畜食品实验室，在格尔木商检处成立五金矿产品实验室3个三级实验室。1991年7月，编写樟木商检局《农畜食品实验室工作质量手册》和《纺织品实验室工作质量手册》。

1992年，在内地省市区卫检局帮助下，拉萨卫检局实验室开始对艾滋病病毒、梅毒、乙肝二对半和血型检测，对从业人员的健康进行检验。

1992年，拉萨卫检局实验室完成入境人员体检545人次，检出乙肝表面抗原阳性20人；出境人员体检491人次；检出乙肝表面抗原阳性35人次；体检从业人员135人次，检出乙肝表面抗原阳性7人。完成进口食品卫生学检验13件，共计24项。完成机场口岸公共场所饮用水等卫生学检验58项。

1993年，拉萨卫检局实验室体检入境旅客5816人次，从入境旅客中查出HIV感染者一例（尼泊尔人），梅毒携带者一例。在出境人员实验室体检中检出乙肝表面抗原阳性者7例。

1993年，拉萨动植检局建立动检实验室和植检实验室，开展了如琼脂扩散试验、炭疽沉淀反应和平板凝集试验。

1994年，西藏商检局物理实验室通过国家商检系统二级实验室复查，农畜食品实验室通过国家商检系统一级预考核，樟木商检局农畜食品实验室通过国家商检系统二级实验室考核认证。

1995年，西藏商检局成立检测中心，下设微生物室、食品分析室、化学分析室、畜产品分析室、纺织品检测室、家用电器检测室、天平室和药品库。同年，西藏商检局成都办事处与四川省质量监督局联合成立西藏进出口商品检验局成都检测中心，承担西藏对外贸易在内地经营的进出口商品的测试、分析、鉴定业务。同年，拉萨卫检局实验室体检1664人次，检出乙肝表面抗原阳性9例，口岸饮食从业人员健康体检308人次，检出乙肝表面抗原阳性20例，检出梅毒螺旋体抗体阳性2例。对20种食品实施实验室检验，检出不合格酒类11瓶。樟木卫检局实验室检出霍乱9例。

1996年，拉萨卫检局从外国籍常住西藏的商人及留学生中检出乙肝表面抗原阳性2例。对机场口岸从业人员体检272人次，检出乙肝表面抗原阳性28例，检出梅毒螺旋体抗体阳性1例。

1997年，拉萨卫检局实验室检测出各类传染病30例，其中，艾滋病病毒抗体阳性者1例，梅毒抗体阳性者2例。

1998年，西藏商检局对检测中心进行改扩建，并实行实验室三级管理的监督检查制度。

1989～1999年，拉萨动植检局动检实验室检疫出动物疫病有口蹄疫、蓝舌病、牛肺疫、布氏杆菌病、牛结构核、马鼻疽、鸡依原体病、鸡马立克氏病、鸡新城疫等一、二类传染病23种。拉萨动植检局植检实验室共检出进境植物病、虫、杂草有谷斑皮蠹、豌豆象、芒果果核象甲、芒果果肉象甲、橘小寡鬃实蝇、南亚寡鬃实蝇等81种，其中被列为《中华人民共和国进境植物危险病、虫、杂草名录》的一类检疫性有害生物有谷斑皮蠹，二类检疫性有害生物有芒果果核象甲、芒果果肉象甲、豌豆象、橘小寡鬃实蝇。

到1999年，樟木卫检局实验室检出乙肝表面抗原阳性143例，实验室检出进口糖果色素超标和土酒含铅量超标2批。

（一）西藏商检局农畜食品实验室

1986年建成，下设畜产品检测室、土特产检测室、食品检测室和微生物检测室。承担西藏地区畜产品、农副产品、土特产品、民族用品、药材、食品、农药、化肥以及微生物等质量、规格、重/数量、包装和安全的检验、鉴定任务，同时开展科研、制修标准工作和为社会提供检验和咨询服务。

1990年，共有检验技术人员9人，其中工程师1人，助理工程师2人，技术员6人。实验室面积165.5平方米，仪器26台（套），其中有蛋白质测定仪和脂肪测定仪等精密检测仪器。拥有国家标准24份，ISO标准8份，行业标准124份。

1990年9月，经商检系统西南片区实验室认证考核小组考核，达到国家商检局系统二级实验标准。1994年11月通过一级实验室预考核。

（二）西藏商检局物理实验室

1986年成立，下设电器仪表检验室和轻工纺织品检验室，承担进出口轻工、纺织、电器仪表等商品的品质、规格、数/重量、性能、包装、卫生、安全部分或全部项目的检验、鉴定任务，并接受外来委托检验业务。

1990年，该室共有检验技术人员5人。实验室面积80平方米，仪器18台（套），其中有多功能家用电器综合测试装置、失真度测试仪和织物强力机等精密检测仪器。拥有国家标准13份，专业标准28份，行业标准68份。

1990年9月，经商检系统西南片区实验室认证考核小组考核，达到国家商检系统二级实验室标准。1994年11月通过复查。

（三）樟木商检局农畜食品实验室

1991年建立，下设农副产品检测室和畜产品检测室，承担进出口樟木口岸的畜产品、农副产品、土特产品、食品、民族用品等质量、规格、数/重量、包装、卫生和安全检验、鉴定任务，并接受外来委托检验业务。

1994年，该室共有检验技术人员7人，其中工程师2人，技术人员5人，实验室面积80平方米，仪器10台（套），其中有八篮烘箱、多功能家用电器综合测试装置、缕纱测长仪等精密检测仪器。拥有国家标准9份，专业标准261份，行业标准52份。

1994年9月，经商检系统西南片区实验室认证考核小组考核，达到国家商检系统二级实验室标准。

二、仪器设备

（一）商检仪器设备

1978 年，西藏商检局委托天津商检局代购部分施检仪器、玻璃器皿和化学试剂，用于进出口羊毛、糖类、植物油、家用电器、大米和面粉等商品的检验。

1983～1984 年，西藏商检局先后购置多功能家用电器综合测试装置、失真测试仪、真空管毫伏表、低频信号发生器、高频信号发生器、光电转速传感器，用于检测从日本、韩国等地进口的电视、电冰箱等家用电器商品。

1985 年，西藏商检局配备纺织品检测设备，购进缕纱测长仪，复丝强伸力机、耐洗色牢度测试机、织物强力机、单纱强力机和晶体管木材水分测定仪。

1986 年，西藏商检局配备食品检测设备，购进电热恒温干燥箱、电热恒温培养箱、OLYMPUS 显微镜、电光分析天平、控温多用高带组织捣碎机、结净工作台、粉碎机和验粉筛。

1987～1999 年，西藏商检局从国外购置定氮仪、羊毛测长仪、脂肪测定仪、电子天平、气相色谱仪和粉碎机等精密仪器。

1994 年，西藏商检局对 3 个二级实验室的大型仪器设备建立档案，内容包括仪器名称、使用说明书、规格、型号、主要技术数据和性能、生产厂商、生产日期、安装验收、调试情况、使用情况记录、仪器设备完好程度、故障和维修记录。同时，在仪器设备上加贴统一编号标牌和使用三色标记。

1998 年，根据拉萨市实验室现状和检测能力，以及西藏外贸发展对西藏商检实验室能力的要求等方面的调查，按照 CCIBLAC 商检系统注册实验室和认可实验室以及 ISO/IEC25 导则的标准，西藏商检局制定了《西藏商检局实验室发展规划》。

1983～1999 年，西藏商检机构购置主要仪器设备见表 4－1－1。

1983～1999 年西藏商检机构购置主要仪器设备情况表

表 4－1－1

名　　称	型号规格	产地	台（套）	价值（元）	购置时间
电光分析天平	TG328G	中国	1	/	1983
电热恒温水溶锅	H.HS21—6	中国	1	/	1983
托盘式扭力天平	TN	中国	1	/	1983
光电转速传感器	SZGB—11	中国	1	/	1985
箱式电阻炉	SRJX—4—9	中国	2	300	1985
电热恒温培养箱	73—5	中国	2	1800	1985
八蓝恒温烘箱	Y802A	中国	1	2000	1986

续表 1

名　　称	型号规格	产地	台（套）	价值（元）	购置时间
电热鼓风干燥箱	101—1 型	中国	2	1600	1986
电热恒温水溶锅	H.HS21—5	中国	3	2700	1986
电光分析天平	TG3288	中国	2	2000	1986
蛋白测定仪	1030 型	瑞典	1	170000	1986
脂肪测定仪	HTSG 型 1043 型	瑞典	1	160000	1986
旋风式样品粉碎机	1093	瑞典	1	1500	1986
电动振荡箱	ZHE—80	中国	1	2000	1986
筛选器	TSYD—2	中国	1	2000	1986
验粉筛	TSYD	中国	1	1500	1986
碎米分离器	RQS	中国	1	2600	1986
荧光显微镜	1600XFY—A	中国	1	3500	1986
容重器	61—71	中国	1	1500	1986
控温多用高速组织捣碎机	/	中国	1	2500	1986
OLYMPUS 显微镜	B061	日本	1	80000	1986
OLYMPUS 显微镜	HO11	日本	1	80000	1986
数字显示离子活度计	PXA—25	中国	1	1600	1986
细菌菌落计数器	TY—J—1	中国	1	1500	1987
混样机	614—A	中国	2	5000	1987
冰箱	/	苏联	1	4000	1987
洁净工作台	两人用	中国	1	2500	1987
洁净工作台	1 人用	中国	1	1800	1987
电子天平	EB—280—22	日本	1	9000	1987
电子天平	AE163	日本	1	8904	1987
精密式 PH 比色器	/	中国	1	200	1987
离心沉淀机	80—1	中国	1	700	1987
分光光度计	751	中国	1	8179	1988
米麦水分计	PB—1D	日本	1	500	1988
旋转蒸发器	EFA84—1	中国	1	3200	1993

续表 2

名　　称	型号规格	产地	台（套）	价值（元）	购置时间
投影仪	910	中国	1	8400	1993
马沸炉	SRTX—4—9	中国	1	1608	1994
电冰箱	R—187H	日本	1	2600	1994
水分快速测试仪	/	中国	1	4500	1995
气相色谱仪	/	日本	1	200000	1996

（二）动植检仪器设备

在国家动植检局的支持和各兄弟局的帮助下，逐步配备设备，至 1999 年，西藏动植物检疫机构有摄影显微镜、高速离心机、电冰箱等 49 台（套），基本满足了动植物检疫工作的需要。主要仪器设备见表 4－1－2。

拉萨动植检局主要仪器设备情况表

表 4－1－2

仪器名称	数量（台）	备注
摄影显微镜	1	
荧光显微镜	1	
普通生物显微镜	3	
电热高压消毒器	1	
投影机	1	
电热蒸馏水器	3	
微量振荡器	1	
油电两用培养箱	1	
电热恒温干燥箱	1	
电热恒温培养箱	1	
医用净化工作台	2	
电热恒温水箱	2	
组织捣碎机	1	
离心沉淀器	1	
高速离心机	1	

续表

仪器名称	数量（台）	备注
日立电冰箱	1	
INDESIT 电冰箱	1	
飞利浦电冰箱	2	
爱尔兰电冰箱	1	
台式可调电热器	1	
磁力搅拌器	1	
幻灯机	1	
油电两用恒温培养箱	1	
电热恒温干燥箱	1	
电热蒸馏水器	1	
日立电冰箱	1	
医用净化工作台	1	
尼康显微镜	1	
解剖镜	1	
打印机	1	
冰柜	1	
托盘天平	2	
台式可调电热器	1	
压力锅	1	
消毒锅	1	
投影器	1	
昆虫检疫箱	6	
显微镜测尺	4	
粮油检测分样器	1	

（三）拉萨卫检仪器设备

拉萨卫生检疫局于 1992 年开展实验室工作，至 1999 年实验室主要仪器设备见表 4－1－3。

拉萨卫检局主要仪器情况表

表 4－1－3

品　　名	单　位	数　量	备　　注
电动离心机	台	1	自购
微量振动器	台	1	自购
723 分光光度计	台	1	防疫站调拨
恒温水溶箱	台	1	防疫站调拨
双目显微镜	台	1	自购
陈列柜	套	4	自购
日立 170 升电冰箱	台	2	防疫站调拨
三洋低温冰柜	台	1	防疫站调拨
普通显微镜	台	1	防疫站调拨
隔水式培养箱	台	1	防疫站调拨
视力表灯	台	1	自购
双联看片灯	台	1	自购
高压灭菌器	个	1	自购
普通分析天平	台	1	自购
X 光灯	台	1	自购
单导心电图机	台	1	防疫站调拨
电子定时钟	台	1	自购
分析天平	台	1	自购
美产电动喷雾器	台	1	自购

（四）樟木卫检仪器设备

至 1999 年，樟木卫检局实验室主要仪器设备见表 4－1－4。

樟木卫检局主要仪器设备情况表

表 4－1－4

名　　称	规格型号	计量单位	数　量	金额（元）	备　注
紫外线消毒器		台	1	483	
恒温培养箱	HH.B11.500	台	1	700	

续表

名　　称	规格型号	计量单位	数　量	金额（元）	备　注
冰柜		台	1	1000	
手提式高温消毒器	TX－280	台	1	500	
菌落计数器	GLQ－SI	台	1	500	
分析天平仪	TG328A	台	1	1070	
数字酸度离子计	PHS－10A	台	1	1791	
心电图机	ECG－651	台	1	4900	
显微镜	CH－B145	台	1	4350	
显微镜	XTL－II	台	1	400	
显微镜	TOKYO	台	1	350	
康式振荡机	0483	台	1	300	
浓度比色计	NB－II	台	1	7200	
永分析仪	CH7601	台	1	300	
药物天平	HCTD12A.20	台	1	250	
箱形电阻炉	SX－4－10		1	2300	
电热蒸馏水器	HS.Z11.5	部	1	1500	
电热恒温培养箱	5648	台	1	4000	
油电恒温培养箱	PYX－YDH		1	2500	
离子沉淀器	800	台	1	2500	
微量振荡器	WZ－ZA	台	1	200	
小冰箱		台	2	2500	
台式干燥箱	DG120－002A	台	2	1000	

第二章　交流　交往

第一节　系统内人才交流

一、商检系统交流

1979年11月，为解决拉萨商检局专业人员严重不足，特别是工作量日益增大的樟木口岸急需补充业务技术人员的问题，经国家商检局批准，调北京商检局干部左怀琪到樟木商检处工作，任副主任（副科级）。

1980～1981年，经国家商检局批准，江苏商检局技术干部张宁、内蒙古商检局技术干部何云生交流到樟木商检处工作。

1983年2月，为加强对西藏商检局的领导，国家商检局决定，调黑龙江商检局冯德贵任西藏商检局副局长，主持工作。

1986年3月，国家商检局决定，调内蒙古商检局王文华任西藏商检局局长。同时内蒙古商检局于兴勃、李振宇交流到西藏商检局工作。

1988年12月，经国家商检局批准，调四川商检局李安华任西藏商检局局长。

1993年春，由西藏商检局局长李安华带队，有关业务处室的处级干部参加，赴上海、深圳、珠海、天津等地商检局交流学习，历时近一个月。

1995年9月，国家商检局干部杨万山交流到西藏商检局工作。

1996年10月，国家商检局决定调安徽商检局程杰任西藏商检局副局长，调云南商检局支毅隆任西藏商检局副局长。同时安徽商检局仇多军、周富强，云南商检局刘华金交流到西藏商检局工作。

这一时期，从广东、青岛、大连、上海等商检局抽调计算机、财会、资产评估等专业人员到西藏商检局帮助工作，培训业务人员。1997～1999年，先后派业务员车永义、布阿牛、敖必强、傅金波到上海商检局，米玛次仁到浙江商检局，大尼玛、高红云、罗应京到广东商检局，郭维江到青岛商检局挂职锻炼。

1999年8月，国家检验检疫局批准西藏检验检疫局成立，调新疆商检局龙新平、云南动植检局但国义任西藏检验检疫局副局长，调河北商检局赵振栓任西藏检验检疫局纪检组长。

2000年8月，国家检验检疫局决定，调海南检验检疫局林盛梁任西藏检验检疫局局长。

二、动植检系统交流

1987年9月，拉萨至尼泊尔加德满都国际航班开通后，由于拉萨动植检专业人员严重不足，经国家动植检总所批准，调广州动植检所莫仁浩到藏工作，主要完成对中国拉萨至尼泊尔加德满都国际航班的航空检疫工作。莫仁浩在拉萨工作46天，完成了8个航班的航空检疫工作，帮助制定《国际航班检疫程序规范（试行草案)》。

1988年，拉萨动植检所组织樟木、吉隆、普兰动植检所负责人赴广州、深圳动植检所进行为期近两个月的考察学习，学习和交流机场旅客携带物检疫、进出境汽车、货物检疫的程序和检疫方法。

1990年8月，经国家动植检总所批准，广东动植检所副所长、高级兽医师陈博文，深圳动植检所黄运生到拉萨举办为期两天的学术交流会。

经国家动植检局批准，1995年3月，调昆明动植检局动检处副处长徐自忠任拉萨动植检局副局长、党组成员。

1996年3月，经国家动植检总所批准，拉萨动植检局副局长尼玛交流到昆明动植检局挂职锻炼，任局长助理、党组成员。

三、卫检系统交流

1977年，经国家卫检总所批准，上海卫检所派出三批9人帮助樟木卫检所工作。

1992年5月，上海卫检局派吕祥宝、黄健康、马军一行三人到拉萨卫检局，帮助指导空港口岸卫生检疫、实验室检测、进口食品监督管理等项工作，并对拉萨卫检局干部职工进行业务培训。

1994年2月，经国家卫检总局批准，调北京卫检局周建任拉萨卫检局副局长，主持工作，任期一年。周建在藏工作期间，狠抓业务建设和行政管理，明确了各科室的职责分工，制定并完善了部分规章制度。

第二节　对外交流交往

经国家卫检总局批准，应樟木卫检局邀请，1994年8月25日，尼泊尔王国巴尔比斯县卫生局局长娜比古尔玛·兰吉、副局长娜达任斯·阿玛尔、达都巴内镇医院院长嘎玛斯·思斯扎、镇长巴杜尔·夏尔巴等一行六人到樟木卫检局访问。卫检局同志介绍了卫生检疫工作的基本任务、内容、程序和口岸卫生检疫工作情况，双方就口岸卫生检疫工作达成了初步意见。

经国家检验检疫局批准，自治区外事办同意，应西藏检验检疫局邀请，2000年2月1日，西藏检验检疫局与尼泊尔王国检验检疫部门在喜马拉雅饭店就检验检疫工作进行工作联系。

西藏出入境检验检疫局副局长龙新平与尼泊尔王国驻拉萨总领事馆总领事桑克热·泊尔沙德·邦德就中国西藏自治区与尼泊尔边境口岸出入境检验检疫工作进行了交谈。

第五篇

监督与管理

西藏商检局、拉萨动植检局、拉萨卫检局是国家局设在西藏的行政执法机构，实行垂直管理体制。机构设置、人员编制、干部任命均由国家局负责，财务实行全额管理，定额或差额补助，三个单位的检验、检疫费，采取自收自支政策，缺口部分由国家局补贴。基本建设、车辆、仪器设备费用由国家局专项下拨，或直接调拨。

出入境检验检疫监督管理包括进出口商品检验的监督管理、进出境动植物及其产品检疫的监督管理、出入境卫生检疫的监督管理。为实施有效的监督管理，西藏商检局、拉萨动植检局、西藏卫检机构、西藏检验检疫局根据有关法律法规，结合西藏实际，制定了相应的监督管理措施、办法和规章制度。对检验的进出口商品进行抽查检验，对进出口商品实施质量认证、质量许可制度，加贴检验检疫标志或封识，对出入境动植物产品的生产、加工和存放过程实行检疫监督，对出入境动植物及其产品和其他检疫物实施消毒处理，对从事进出口贸易的单位进行注册登记，对出入境人员、交通工具、行李货物、邮包等实施传染病监测、卫生监督、卫生处理，认可检验检疫机构等制度和办法。

1977 年，西藏商检机构、樟木卫检机构相继成立，1985～1987 年，拉萨动植检机构、拉萨卫检机构相继成立。1999 年，西藏商检局有职工 97 人，固定资产达 1225.68 万元；拉萨动植检局有职工 32 人，有樟木、普兰等 4 个分支机构，固定资产达 759.41 万元；西藏卫检局职工 31 人，固定资产达 710.43 万元。

1999 年 10 月，西藏商检局、拉萨动植检局、拉萨卫检局、樟木卫检局合并组建西藏检验检疫局。至 2000 年 12 月 31 日，西藏检验检疫局有行政处室 14 个，事业单位 3 个，分支机构 4 个。有干部职工 140 人，其中专科以上学历 76 人，中高级职称 38 人。固定资产近 3000 万元。

第一章　机　　构

第一节　自治区级机构

一、西藏商检局

1976年8月，根据国家外贸部商检总局领导关于“全国只有西藏没有商检机构，应该成立商检局”的指示，自治区革委会商业局向自治区编制委员会请示成立中华人民共和国拉萨商品检验局。

1977年7月，经国家外贸部和自治区同意，成立自治区外贸局商检科，对外以中华人民共和国拉萨商品检验局行文，隶属自治区外贸局领导。

1980年，经国家商检总局批准，中华人民共和国拉萨进出口商品检验局成立，正处（县）级机构，内设工检科、农检科和办公室，负责自治区进出口商品检验和监督管理工作，受国家外贸部商检总局和自治区外贸局双重领导，人事工作、财务管理、商检业务受国家商检总局领导；党务、行政管理归自治区外贸局领导。实有职工15人。1981年10月，国家商检总局批准拉萨商检局由自治区商业厅代管，规定人员编制为51人，同时同意在1981年度首批招收20人，以解决商检专业人员缺少的状况。

1983年，经国家外贸部批准，中华人民共和国拉萨进出口商品检验局更名为中华人民共和国西藏进出口商品检验局，直接受外贸部商检总局领导，自治区商业厅代管。

1984年，经国家商检局批准，西藏商检局升格为副厅（局）级机构，由国家商检局和自治区人民政府双重领导，以国家商检局领导为主，以自治区人民政府委托的自治区商业厅领导为辅，编制40人，1985年编制增加到45人。

1986年3月，经国家商检局党组批准，西藏商检局成立党组，对外独立开展工作。4月，经国家商检局批准，西藏商检局形成直接受国家商检局和自治区党委、政府双重领导，以国家商检局领导为主的垂直管理体制，编制54人，王文华任局长（副厅级）、党组书记，扎西多吉任副局长、党组成员。1991年编制增加到56

人。

1993年，经国家商检局批准，西藏商检局由副厅（局）级单位升格为正厅（局）级单位，编制为65人。直接受国家商检局和自治区人民政府的双重领导，其内设处（室）和樟木商检局为正县（处）级机构。李安华任局长、党组书记，罗家纯为副局长、党组成员，普次仁任纪检组长、党组成员，多吉次旺任局长助理、党组成员，规定西藏进出口商品检验局是国家商检局设在西藏的进出口商品检验机构，依照《中华人民共和国进出口商品检验法》等法律、法规和对外贸易合同约定，对西藏自治区境内的进出口商品实施检验，办理进出口商品鉴定，对进出口商品的质量和检验工作实施监督管理。1994年编制增加到74人，1995年编制为80人。1996年10月，国家商检局调安徽商检局程杰任西藏商检局副局长、党组副书记，主持工作，支毅隆任副局长（副厅级）、党组成员。

1997年2月，国家商检局党组批复西藏商检局职能配置、内设机构和人员编制方案，机关内设办公室、人事教育处、检验监管处、检务鉴定处、科技处、行政财务处、机关党委办公室（同时挂政工处的牌子）、监察审计室；下属樟木商检局、普兰商检局、拉萨机场办事处、格尔木办事处、成都办事处等分支机构。人员编制为机关及其分支机构行政编制75名（其中分支机构37名），局下属事业单位人员编制12名。具体见图5－1－1。1999年8月，三检合并成立西藏检验检疫局。

西藏商检局历任领导名录见表5－1－1。

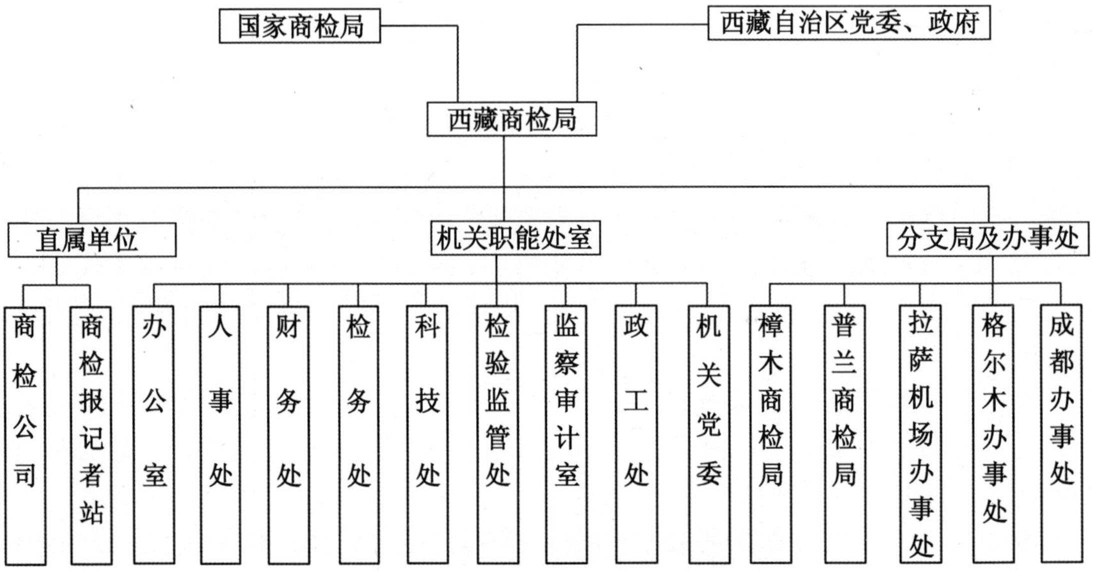

图5－1－1　1999年西藏商检局管理体系图

西藏商检局历任领导名录表

表 5－1－1

机构名称	职务	姓名	民族	性别	任职时间	备注
西藏外贸局商检科	科长	梁世鹏	汉	男	1977.7～1979.12	科级
拉萨商品检验局	局长	梁世鹏	汉	男	1981.5～1983.2	正县级
	副局长	扎西多吉	藏	男	1982.7～1984.1	副县级
		冯德贵	汉	男	1983.2～1984.1	副县级主持工作
西藏商检局（1984.2～1986.2）	副局长	冯德贵	汉	男	1984.2～1986.2	正县级主持工作
		扎西多吉	藏	男	1984.2～1986.2	副县级
西藏商检局（1986.3～1993.6）	局长	王文华	汉	男	1986.3～1988.12	副厅级主持工作
		李安华	汉	男	1990.7～1993.6	副厅级主持工作
	副局长	扎西多吉	藏	男	1986.3～1990.6	正县级
		德吉	藏	女	1988.12～1990.5	正县级
		扎西多吉	藏	男	1990.7～1993.3	正县级
		罗家纯	汉	男	1993.2～1993.6	正县级
	局长助理	多吉次旺	藏	男	1993.2～1993.6	正县级
西藏商检局（1993.7～1999.8）	局长	李安华	汉	男	1993.7～1996.9	正厅级
	副局长	罗家纯	汉	男	1993.7～1996.9	副厅级
	纪检组长	普次仁	藏	男	1993.7～1996.9	副厅级
		普次仁	藏	男	1996.10～1999.8	副厅级
	局长助理	多吉次旺	藏	男	1993.7～1996.9	正县级
		多吉次旺	藏	男	1996.10～1999.8	正县级
		程杰	汉	男	1996.10～1999.8	副厅级主持工作
		支毅隆	汉	男	1996.10～1999.8	副厅级

二、拉萨动植物检疫局

1985 年 5 月 8 日，自治区农牧厅向国家农业部请示成立西藏动植物检疫机构。1986 年 6 月 13 日，经国家农牧渔业部批准，成立中华人民共和国西藏动植物检疫筹备处（处级），负责自治区各重要国境口岸动植物检疫机构的筹建工作和动植物检疫工作，由自治区农牧厅负责组建，实行农牧渔业部与自治区农牧厅双重领导，以农牧渔业部为主的管理体制。同年 7 月，经自治区人民政府批准，自治区农牧厅党组研究决定，西藏动植物检疫筹备处于 30 日正式成立，李桐章任筹备处负责人，筹备处设在拉萨市扎基路农牧药械公司院内，实有人员 7 人。

1988年3月23日，经国家动植物检疫总所批准，中华人民共和国拉萨动植物检疫所成立，机构规格为正处级，人员编制20人。实行国家动植检总所和自治区农牧林业委员会双重领导，以国家动植检总所为主的管理体制。内设办公室、业务科，下设中华人民共和国普兰动植物检疫所（科级机构，编制10人）、吉隆动植物检疫所（科级机构，编制10人）、樟木动植物检疫所（科级机构，编制15人）、日屋动植物检疫所（科级机构，编制9人），总计编制64人。

1992年4月23日，经国家动植物检疫总所批准，中华人民共和国拉萨动植物检疫所更名为中华人民共和国拉萨动植物检疫局，机构级别、隶属关系不变。内设办公室、动检科、植检科。下设樟木动植物检疫局、普兰动植物检疫局、吉隆动植物检疫局、日屋动植物检疫局四个科级机构。拉萨动植检局的主要职责是贯彻执行《进出境动植物检疫法》及其《实施细则》，依照法律、法规负责自治区内口岸，进出境动植物、动植物产品及其他检疫物的检疫、监督和管理，动植物疫情的监测，动植物病、虫、杂草的调查等工作，办理国家动植检局授权进出境动植物、动植物产品的审批，防止动植物病、虫、杂草及其他有害生物传入传出。保护人体健康，保护农牧、林、渔业生产安全。

1993年6月29日，根据国务院《关于同意开放拉萨航空口岸批复》，成立拉萨动植物检疫局驻拉萨机场办事处，编制人员15人，到2000年年底，拉萨动植检人员编制达到79人。图5－1－2为管理体系情况。

拉萨动植物检疫局领导任职情况见表5－1－2。

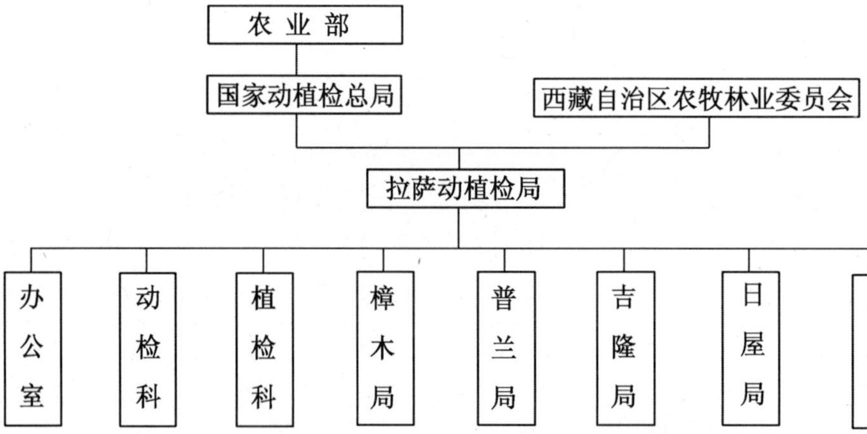

图5－1－2　拉萨动植物检疫局管理体系图

拉萨动植检局历任领导干部

表 5－1－2

职　务	姓　名	性别	民族	任职时间	技术职称	备　注
西藏动植检负责人	李桐章	男	汉	1986～1989	高级兽医师	主持工作
副局长	尼玛	男	藏	1989、4～1999	高级兽医师	主持工作
副局长	潘祖福	男	汉	1989、4～1994	副研究员	
副局长	徐自忠	男	汉	1995、3～1997	高级兽医师	

三、卫检机构

（一）樟木卫生检疫局

1977 年 3 月 15 日，经自治区革委会批准，中华人民共和国樟木卫生检疫所成立，正科级机构，人员编制 15～17 人，受自治区卫生厅领导，并挂樟木医院牌子。1984 年，樟木卫检所和樟木医院分设樟木卫检所，人员编制缩减为 12 人。

1992 年，经国家卫生检疫总所批准，樟木卫检所受国家卫检总所垂直领导，并更名为中华人民共和国樟木卫生检疫局，正县级机构，人员编制 25 人，实际人员为 11 人。6 月 1 日，经国家卫检总局批准，中华人民共和国樟木进口食品卫生监督检验所挂牌成立，与樟木卫检所一套人马、两块牌子，开展进口食品检验和传染病监测工作。1992 年，国家卫检局决定，将全国卫检系统分为 7 大片区管理，根据有关文件精神，樟木卫检局由上海卫检局管理。1995 年，经国家卫检局批准，樟木卫检局划归南宁卫检局管理。1997 年，经国家卫生检疫局批准，樟木卫检局由成都卫检局管理，下设办公室、综合业务科、财务科。

樟木卫检局历任领导见表 5－1－3。

樟木卫检局历任领导名录

表 5－1－3

职　务	姓　名	性别	民族	任职时间	备　注
所长兼院长	罗启学	男	汉	1979～1984	1984 年调往内地
副所长兼副院长	王永洲	男	汉	1979～1980	内调
所长兼院长	刘同祥	男	汉	1984～1988	1988 年调拉萨工作
所长	本加	男	藏	1990～1994	1994 年调离拉萨
局长	达瓦次仁	男	藏	1997～1999.10	

（二）拉萨卫生检疫局

鉴于拉萨至加德满都国际航班即将通航，按照自治区人民政府指示精神，1986 年 7 月成立拉萨卫生检疫筹备工作组。白玛群觉任负责人，在自治区卫生防疫站内办公，由自治区防疫站和自治区卫生厅双重领导，实有人员3人。

1987年、1988年，自治区卫生厅分别向自治区政府办公厅、自治区口岸办和国家卫生检疫总所请示单设机构。1988年11月16日，经国家卫生检疫总所批准，中华人民共和国拉萨卫生检疫所成立，副处级机构，人员编制20名，内设办公室、检验科、检疫科，办公地点设在自治区防疫站院内。拉萨卫检所受国家卫生检疫总所和自治区卫生厅双重领导，业务上由总所领导，人员、行政事业经费等由地方领导。

1991年12月，经国家卫生部、国务院口岸领导小组批准，拉萨卫检所从1992年1月1日起，由国家卫生部直接领导，具体由卫生检疫总所负责日常管理工作。6月1日，经国家卫检总局批准，中华人民共和国拉萨进口食品卫生监督检验所成立，分别与拉萨卫检所一套人马、两块牌子。1992年，国家卫检局决定将全国卫检系统分为7大片区管理，根据有关文件精神，拉萨卫检局由上海卫检局管理。1995年，经国家卫检局批准，拉萨卫检局划归南宁卫检局管理。1997年，经国家卫生检疫局批准，拉萨卫检局由成都卫检管理局管理。拉萨卫检局内设办公室、检疫处、检验处、进口食品监督检验处、拉萨国际旅行保健服务中心。

图5－1－3为卫生检疫体系图，表5－1－4为拉萨卫检局领导任职情况。

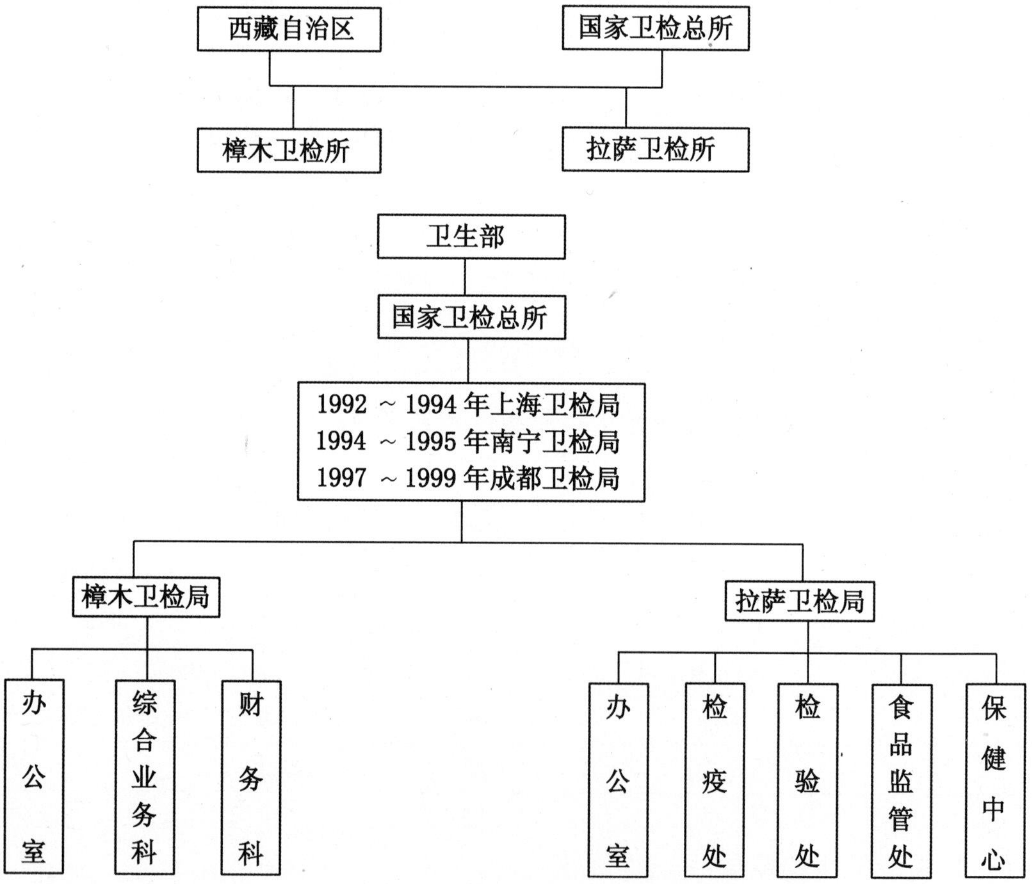

图5－1－3　卫生检疫体系框架图

拉萨卫检机构历任领导名录

表 5－1－4

职　务	姓　名	性　别	民　族	任职时间	备　注
拉萨卫检筹备组临时负责人	白玛群觉	男	藏	1986.7～1986.12	
拉萨卫检筹备组临时负责人	布琼	男	藏	1987～1990	
拉萨卫检所负责人	索朗旺堆	男	藏	1991～1992.5	主持工作
副局长	周健	男	汉	1992.5～1993.5	援藏干部
副局长	索朗旺堆	男	藏	1993.5～1999.10	主持工作

四、西藏检验检疫局

1999 年 10 月 16 日，根据《国务院办公厅关于印发全国各地出入境检验检疫机构组建方案的通知》精神，国家出入境检验检疫局《关于中华人民共和国西藏出入境检验检疫局（简称“西藏检验检疫局”）职能配置、内设机构和人员编制规定的批复》和《关于西藏检验检疫局下属事业单位设置的通知》规定，国务院有关部门设在西藏的出入境卫生与食品监督检验、动植物检疫和进出口商品检验机构（简称“三检”机构）合并组建中华人民共和国西藏出入境检验检疫局（正厅级），为国家出入境检验检疫局的直属机构。内设办公室、综合业务处、卫生与食品检验监管处、动植物检验检疫处、检验鉴定处、检务处、人事处、财务处、检验检疫技术中心、西藏国际旅行卫生保健中心、机关服务中心。下设樟木出入境检验检疫局、普兰出入境检验检疫局、西藏出入境检验检疫局贡嘎机场办事处、西藏出入境检验检疫局驻成都接待处。实行由国家出入境检验检疫局直接领导的垂直管理体制。程杰任西藏检验检疫局局长、党组书记，龙新平、但国义任副局长、党组成员，赵振栓任纪检组长、党组成员。1999 年 10 月 18 日，西藏检验检疫局对外挂牌成立。局机关设在拉萨市北京西路 267 号原西藏商检局院内。

2000 年 8 月，经国家质检总局批准，林盛梁任西藏检验检疫局局长、党组书记。西藏检验检疫局领导名录见表 5－1－5。

西藏检验检疫局领导名录

表 5－1－5

职　务	姓　名	性　别	民　族	任职时间	备　注
党组书记、局长	程杰	男	汉	1999.8～2000.9	
党组成员、副局长	龙新平	男	汉	1999.8～	
党组成员、副局长	但国义	男	汉	1999.8～	

续表

职　务	姓　名	性　别	民　族	任职时间	备　注
党组成员、纪检组长	赵振栓	男	汉	1999.8～	
党组书记、局长	林盛梁	男	汉	2000.8～	

第二节　分支机构

一、樟木进出口商品检验局

1978年，组建成立樟木商检处，机构设在日喀则地区聂拉木县樟木镇，科级建制，左怀琪为第一任副主任，人员从5人增至20人。根据业务量大小，分设检验小组，但不作为一级机构，经过一年的筹备，于1980年正式对进口的大米、地毯、羊毛实施法定检验。

20世纪80年代，随着樟木口岸中尼进出口商品量的逐年增长，1986年，樟木商检处升格为副处级建制，内设检验业务科、行政科，主要职责是按照《中华人民共和国进出口商品检验条例》对从樟木口岸进出口的商品进行品质检验和监督管理工作。樟木商检处隶属于西藏商检局，其全称根据西藏商检局的更名先后，分别称拉萨商品检验局樟木商检处、拉萨进出口商品检验局樟木进出口商品检验处、樟木进出口商品检验局。

1989年4月，经国家商检局批准，樟木商检处更名为中华人民共和国樟木进出口商品检验局，副县（处）级机构，隶属关系不变。内设办公室和检验科，科级建制，多吉次旺任局长。1993年6月，经国家商检局批准，樟木商检局机构规格为正县（处）级，马志坚任副局长（副县级）主持全面工作，边巴、刘青固任副局长（副县级）。1996年2月，彭雪远任副局长主持工作，边巴任副局长。1997年4月，经西藏商检局批准，中共樟木商检局党组成立，布阿牛任党组副书记、副局长，主持工作，杨军、敖必强分别任党组成员、副局长。1998年4月，根据机构改革需要，撤销了樟木商检局党组，王仁俊任樟木局副局长（副县级）主持全面工作，侯长立、敖必强分别任副局长，旦增次仁任局长助理（副县级）。截止到1999年8月，樟木商检局编制15人，实际配备8人，内设办公室、检验科、财务科。

二、普兰进出口商品检验局

1991年12月，中国政府和印度政府签订了《中华人民共和国政府和印度共和国政府关于恢复边境贸易的备忘录》。1994年，国家外经贸部决定在西藏自治区普兰县与印度北方邦比索拉加地区的贡吉开辟边境贸易市场。1994年11月，经国家商检局批准，中华人民共和国普兰进出口商品检验局成立，县（处）级机构，人员编制10人，隶属西藏商检局管理，主要负责普兰口岸及阿里地区进出口商品检验、鉴定和监督管理，按照依法把关、监管有效、简化手续、方便进出的原则开展工作。

1995年1月，西藏商检局任命布阿牛为普兰商检局副局长，主持工作。内设业务科、办公室，实际配备5人，重点承担阿里地区羊毛、山羊绒等畜产品的出口检验管理工作。普兰口岸属季节性口岸，每年6~10月为开关通商期，为适应这一特殊情况，普兰商检局在开关期进驻口岸，10月底，人员撤回拉萨。

1998年4月，普兰商检局由樟木商检局管理，实行一套人马两块牌子的管理模式。樟木商检局副局长王仁俊、侯长立、敖必强分别兼任普兰商检局副局长。

三、西藏商检局驻机场办事处

1993年6月，国务院同意拉萨航空口岸对外开放，决定设立商检局等联检机构。1993年10月，经西藏商检局批准，中华人民共和国西藏进出口商品检验局驻拉萨机场办事处成立，县（处）级机构，彭雪远任副主任（副县级）主持工作，玉立任副主任，人员编制10人。主要负责对拉萨机场进出港的进出口商品的查验和监督管理，对山南地区的进出口商品实施检验和监督管理。

1995年9月，拉萨机场办事处开始对进出口商品实施口岸登记、监视卸载、外包装鉴定、出口商品检验换证等工作。1996~1999年9月，郭维江、何家仁先后任负责人，其隶属关系、机构规格不变。

四、西藏商检局驻成都办事处

1991年11月，经国家商检局批准，中华人民共和国西藏进出口商品检验局成都工作组成立，副处级机构，编制4人。负责联系西藏自治区外贸公司在内地组织的进出口业务中的商检工作，兼顾西藏商检局后勤物资供应及过往人员的服务工作。李昌前为工作组组长，赵丽为副组长。1992年4月，经国家商检局批准，西藏商检局驻成都工作组更名为中华人民共和国西藏进出口商品检验局驻成都办事处。李昌前任主任，赵丽为副主任。实配职工6人，机构规格、隶属关系不变。1995年，李昌前为成都办事处主任（正县级），车永义为副主任。1997年，仇多军任成都办事处主任兼党组书记，张华、车永义、罗应京分别为副主任，党组成员。下设专职纪检监察员。1998年，张华任成都办事处副主任，主持工作，杨卫平、彭雪远、罗应京任副主任。

五、西藏商检局驻格尔木办事处

从1984年2月开始，西藏商检开始在青海省格尔木市筹建格尔木办事处，1985年，正式成立格尔木商检组，1986年改称格尔木商检处，科级建制，负责人丁在亮。1987年4月，经国家商检局批准，恢复西藏商检局驻格尔木办事处，正科级事业单位。1989年12月，升格为副县级机构，人员编制4人，主任丁在亮（副县级)，副主任白海洋（正科级）。其主要职能是负责西藏自治区在青海省格尔木中转的进出口商品的检验和监督管理。1990年1月，应建华调任格尔木办事处副主任，主持工作。1992年10月，杨卫平任副主任，主持工作，敖必强任副主任。1995年7月后，何体森任主任，强守春任副主任。

1999年10月，根据国家检验检疫局机构改革精神，西藏商检局驻格尔木办事处业务、人员、资产划归青海检验检疫局管理。

六、樟木动植检局

樟木动植检所1988年经国家动植检总所批准后成立。正科级机构，编制15人。成立之初，实有人员6人，边巴顿珠任副所长。1989年，正式在樟木联检现场设立工作查验点。1992年，经国家动植检总局批准，樟木动植检所更名为樟木动植检局，机构级别、人员编制不变。1993年7月，赵光辉任樟木动植检局副局长，以后改任局长。随着樟木口岸业务量的加大，樟木动植物检疫人员增加到8人，其中动检人员4人，植检人员4人。1998年，在国家动植检总局的帮助下，拉萨动植检局投资150万元，修建近3000平方米的办公、住宿楼。

七、普兰动植检局

1988年，经国家动植检总所批准，普兰动植检所成立，正科级机构，机构编制10人，实有人员4人，戴建西任副所长。1992年，经国家动植检局批准，普兰动植检所改为普兰动植检局，机构级别、编制不变。1993年，尼玛格桑任普兰动植检局副局长，以后改任局长。由于普兰口岸交通条件和贸易量的限制，普兰动植检局主要对入境驮畜和进出境的大米、羊毛等实施检疫，工作量一直未增加，人员长期保持4人。

八、吉隆动植检局

1988年，经国家动植检总所批准，吉隆动植检所成立，正科级机构，编制10人，实有人员4人。李文全任副所长，主持工作。1992年，经国家动植检局批准，吉隆动植检所更名为吉隆动植检局，机构级别、人员编制不变。1993年，戴建西任吉隆动植检局副局长。1988年，赤列加措任局长。由于吉隆口岸到尼泊尔交通十分不便，贸易量不大，吉隆动植检局主要对出境活羊、羊毛、羊皮和进境大米等实施检疫，工作量一直未增加，人员长期保持4人。

九、樟木出入境检验检疫局

1999年10月26日，根据国家出入境检验检疫局《关于西藏出入境检验检疫局分支局办事处设置和人员编制的通知》精神，中华人民共和国樟木出入境检验检疫局（正处级）成立，行政编制人员控制在30名。11月，樟木检验检疫局在原樟木动植检局院内挂牌成立，原樟木商检局、樟木动植检局、樟木卫检局资产、人员等统一归属樟木检验检疫局管理，达娃次仁任局长。

十、普兰出入境检验检疫局

根据国家出入境检验检疫局《关于西藏出入境检验检疫局分支局办事处设置和人员编制的通知》精神，中华人民共和国普兰出入境检验检疫局（正处级）于1999年10月26日在拉萨成立，行政编制人员控制在10名。2000年5月，在阿里普兰县原普兰动植检局院内挂牌。臧晓飞任副局长，主持工作。

十一、西藏检验检疫局驻贡嘎机场办事处

根据国家出入境检验检疫局《关于西藏出入境检验检疫局分支局办事处设置和人员编制的通知》精神，中华人民共和国西藏出入境检验检疫局驻贡嘎机场办事处（正处级）于1999年10月26日成立，行政编制15名，何家仁任副主任，主持工作，尼玛次仁任副主任。

十二、西藏检验检疫局驻成都办事处

根据国家出入境检验检疫局《关于西藏出入境检验检疫局分支局办事处设置和人员编制的通知》精神，1999年10月，中华人民共和国西藏出入境检验检疫局驻成都办事处（正处级）成立，人员编制6人，张华任主任，杨卫平任副主任。

第二章　队伍建设

第一节　人员结构

一、商检人员

1977年，西藏商检局成立，随着西藏对外经济贸易的发展，检验业务量逐年上升，人员逐年增加，人员结构也随之变化。由于西藏商检局机关与各分支机构人员实行轮换制，无绝对固定的行政和业务人员。

西藏商检局自1992年以来，少数民族比例基本保持在60%～70%，汉族约占40%。少数民族中有藏族、蒙古族、回族。有大专以上文化程度者29人，占职工总人数的50%多。1994年，西藏商检局升格为正厅（局）级，有大专以上文化程度者43人，占职工总人数的55%。1996年，经国家商检局批准，西藏商检局1名干部获得高级工程师资格，当年有中级技术职称24人，专业技术人员占职工总人数的80%。至1999年，商检人员文化程度、专业技术职称变化情况见表5－2－1。

商检人员文化程度、专业技术职称情况表

表5－2－1

项目 年份	文化程度				技术职称				合计
	大专以上	中专高中	初中以下	职工总人数	高级工程师	工程师	助理工程师	技术员	
1977	1		6	7					
1978	1		6	7					
1979	1	2	6	9					
1980	3	2	10	15					
1981	4	2	30	36					

续表

项目 年份	文化程度				技术职称				合计
	大专以上	中专高中	初中以下	职工总人数	高级工程师	工程师	助理工程师	技术员	
1982	4	2	32	38					
1983	5	3	31	39					
1984	7	3	29	39					
1985	8	3	29	40					
1986	5	3	36	44					
1987	9	3	29	41					
1988	10	5	26	41					
1989	11	5	121	137					
1990	19	6	17	42		6	17	9	32
1991	20	11	19	50		14	16	9	39
1992	29	12	15	56		17	18	9	44
1993	37	14	17	68		18	18	12	48
1994	43	14	18	75		22	23	16	61
1995	50	14	16	80		23	27	21	71
1996	49	30	8	87	1	24	36	7	68
1997				96	1	22	36	7	66
1998				97	1	22	36	7	66
1999				97	1	22	36	7	66

说明：技术职称包括高级工程师、工程师、助理工程师；高级经济师、经济师、会计师。

二、动植检人员

1986年，西藏动植检机构筹备期间有职工7人，其中藏族3人、汉族4人，大专以上文化程度5人，中级以上技术职称2人，7人均为专业技术人员。

1988年，拉萨、樟木、吉隆、普兰动植检局相继成立，人员增加，1989年拉萨动植检局有职工24人，其中藏族7人、汉族17人，大专以上文化程度15人，中级以上技术职称6人。专业技术人员22人，行政人员2人。

1992年，拉萨动植检局人员增加到32人，其中藏族15人、汉族17人，大专以上文化程度17人，中级以上技术职称9人，专业技术人员28人，行政人员4人。

1992～1999年，拉萨动植检局人员变化较大，学历有所降低，行政人员和藏族干部增加，汉族干部减少。截止到1999年10月底，拉萨动植检局有职工32人。其中藏族19人、汉族13人，大专以上文化程度14人，中级以上技术职称人员9人，专业技术人员24人，行政人员8人。

文化程度、专业技术职称历年发展变化见表5－2－2，业务人员与行政人员比例见表5－2－3。

拉萨动植检局人员文化程度、专业技术职称发展变化情况表

表5－2－2

年　份	总人数	文化程度				专业			专业职称		
		大学	大专	中专	高中	植保	兽医	其他	高级	中级	初级
1986～1989	24	7	8	7	2	7	15	2	3	3	16
1989～1992	32	8	9	10	3	9	19	4	3	6	21
1992～1999	32	6	8	13	5	10	14	8	2	7	15

拉萨动植检局业务技术人员和行政人员比例及发展变化情况表

表5－2－3

年　份	总人数	行　政	业　务	各占比例
1986～1987	7		7	业务100%
1988～1989	24	4	20	行政29% 业务71%
1990～1992	32	5	27	行政16% 业务84%
1993～1999	32	6	26	行政19% 业务81%

三、卫检人员

（一）拉萨卫检局

1986年，筹备组建拉萨卫检机构，卫生检疫专业人员共3名，中专文化程度，藏族。1988年11月，成立拉萨卫检所，为加强卫生检疫队伍，从自治区卫生系统调入3名专业技术人员，藏族，其中大专以上文化程度2人，中级职称（主管医师）1人。1992年，拉萨卫检局成立，从自治区防疫站调入5人。当年有专业技术人员9名，行政人员2名，其中汉族3人，占总人数的30%。大专以上文化程度3人，占总人数的30%。中级技术职称2名，占总人数的20%。

1993～1997年间，陆续调入11人，同时调出3人，到1999年，拉萨卫检局有职工19名。卫生检疫专业人员11人，行政人员8人。其中大专以上文化程度5人，占总人数的22%，中级以上技术职称9人，占总人数的47%。有藏族干部15人、汉族干部4人。

（二）樟木卫检局

1977年，成立樟木卫检所，有工作人员5人，其中藏族3人、汉族2人。专业技术人员3人，大专以上文化程度2名。1984～1988年，人员流动较大，调入调出人员较多。1988年年底，有职工10人，其中专业技术人员7人、行政人员3人，大专以上文化程度3人，中级以上技术职称2人（主管医师），分别占总人数的30%和20%，其中藏族9人、汉族1人。

1992年，成立樟木卫检局，从大中专学校补充3人，至1999年10月，有职工12人，其中专业技术人员8人，行政人员4人，大专以上文化程度3人，中级以上技术职称3人。其中，藏族8人，汉族4人。

拉萨、樟木卫检局专业技术人员和行政人员比例发展变化分别见表5－2－4、表5－2－5。

拉萨卫检局专业技术人员和行政人员比例发展变化情况表

表5－2－4

年　份	职工总人数	专业技术人员	行政人员	专业技术人员比例	行政人员比例
1986.7～1988	3	3	0	100%	
1989～1992.4	9	8	1	89%	11%
1992.5～1999	19	11	8	58%	42%

樟木卫检局业务人员和行政人员比例情况表

表5－2－5

年　份	总人数	行政人员	业务人员	各占比例
1971～1977	8	/	8	业务100%
1978～1992	11	3	8	行政27% 业务73%
1993～1999.10	12	2	10	行政17% 业务83%

四、检验检疫局人员

根据国家出入境检验检疫局《关于中华人民共和国西藏出入境检验检疫局职能

配置、机构设置和人员编制规定的批复》，原西藏进出口商品检验局、拉萨动植物检疫局、拉萨卫生检疫局、樟木卫生检疫局合并组建西藏出入境检验检疫局，为国家出入境检验检疫局直属机构，实行垂直管理体制。行政编制121名，其中局机关60名，分支机构61名。局长1名，副局长2名，纪检组长1名（副厅级）。正副处级领导职数28名，其中局机关18名（含机关党委专职副书记1名），分支机构10名。非领导职数按国家出入境检验检疫局的有关规定配备。截止到2000年年底，实有职工158人，其中离退休职工18人。在职职工140人中，局机关81名，分支机构59名。其中，樟木检验检疫局31名，普兰检验检疫局9人，贡嘎机场办事处12人，成都接待处7人。本科以上学历31名，大、中专学历80名，初中以下29名，高级技术职称5名，中级技术职称33名。少数民族占60%，汉族占40%。

西藏检验检疫局高级技术职称人员见表5－2－6。

西藏检验检疫局高级技术职称人员情况表

表5－2－6

姓名	单位	性别	民族	出生年月	政治面貌	职　称	授职称时间
林盛梁	西藏出入境检验检疫局	男	汉	1957年9月	党员	高级兽医师(副高)	1997年12月
龙新平	西藏出入境检验检疫局	男	汉	1956年2月	党员	高级工程师(副高)	1992年12月
但国义	西藏出入境检验检疫局	男	汉	1958年8月	党员	高级兽医师(副高)	1994年8月
尼玛	西藏出入境检验检疫局	男	藏	1943年12月	党员	高级兽医师(副高)	1998年12月
朱炳文	西藏出入境检验检疫局	男	汉	1938年3月	党员	高级兽医师(副高)	1985年7月
索朗	西藏出入境检验检疫局	男	藏	1954年12月		高级兽医师(副高)	1998年12月
索朗旺堆	西藏出入境检验检疫局	男	藏	1957年5月	党员	副主任医师(副高)	1996年4月
拥巴	西藏出入境检验检疫局	女	藏	1957年12月	党员	副主任医师(副高)	1996年4月
傅金波	西藏出入境检验检疫局	男	汉	1961年12月		高级工程师(副高)	1998年6月

第二节　人员培训

一、商检人员

1977～1979年，西藏商检机构实有职工7人，大部分来自西藏外贸局系统，为充实专业技术队伍，提高人员素质，商检局采取人员培训以国家商检局组织培训为主，局内部主要对新进人员实施岗前培训的办法。1981、1982年从应届高中毕业生中招收职员20名，分别送往北京、天津、上海、湖北、青岛等地商检局学习培训。

1982年，西藏商检局派员前往青岛、湖北商检局学习粮油食品、手表、闹钟、计算机、照相机等轻工产品的检验技术。1983 年，派丹增卓玛、臧晓飞、小尼玛等前往北京、上海、大连商检局学习纺织品、食品、实验室检测技术。1984 年，西藏商检局升格为副厅(局)级机构，人员主要从地方党政事业单位调进和招聘具有大中专学历人员和工作急需专业人员，并招收部分大学毕业生。1984 ~ 1985 年，派丹增卓玛、郭维江、车永义、次仁、黎小昆分赴湖北、秦皇岛、南宁商检局学习畜产品、轻工产品检验。1985 年派杨卫平赴山东学习计算机三年。1988 年，派丹增卓玛到北京外经贸大学学习商检管理。1989 ~ 1990 年，派何家仁到东北财经大学和北京外经贸大学学习英语和商检业务。1990 年，派员参加国家商检局组织的普惠制、原产地培训班学习，并于当年开展了此项业务。1991 年，派敖必强赴苏州大学学习商检文秘半年。1992 年，派臧晓飞、小普次到北京经贸大学学习商检业务半年，派王仁俊到兰州商检局学习数据统计。同时，根据西藏实际，分别举办《商检法》及其实施条例、报验员等培训班。1994 年，派敖必强赴国家局漳州培训基地，参加国家商检局第四期地区局长培训一个月。

1994 年，西藏商检局升格为正厅(局)级机构，人员逐步增加，素质增强。人员培训采取岗位培训。1999 年 10 月，实际在岗人员达 97 人，大中专学历占 80%，初级以上职称占 58%。

二、动植检人员

拉萨动植检局自成立以来，除招收本科以上学历的学生外，还积极参加国家动植检局组织的各类培训班，以提高人员素质。1987 年，选派邹立到天津动植检培训中心学习英语，尼玛参拉到天津动植检所学习植物及其产品的检疫，彭措、陈亮、周美芳到甘肃农业大学学习。同时广州动植检所莫仁浩经国家动植检总所批准来拉萨指导动植检工作，并培训干部。1988 年，拉萨动植检局派王淑华赴南京农业大学学习昆虫的检疫、鉴定，1991 年，拉萨动植检局派次仁卓嘎、桑珠到上海学习动植物检疫，同年 10 月，又派次仁卓嘎学习动植物检疫微机管理系统知识，此后，拉萨动植检局检务工作开始使用微机签证。1993 年 2 月，拉萨动植检局派次仁卓嘎、桑珠、贡觉欧珠等到北京植物检疫所学习植物病毒、真菌、细菌的分离、鉴定等工作。1990 ~ 1996 年，拉萨动植检局分别在拉萨和樟木口岸举办报检员培训班 6 期，70 余家单位的 726 人次参加了培训。至 1999 年年底，拉萨动植检局先后派专业人员 68 人次到内地学习培训。

三、卫检人员

1977 年，樟木卫生检疫所成立之初，上海卫检所先后派出 3 批医疗队共 9 人到樟木口岸，帮助樟木卫检所培训干部，开展各项卫检业务。1986 年，拉萨卫检机构筹建组成立后，为适应即将开展的空港卫检业务需要，1987 年 7 月，派工作人员吕静、白玛群觉、布琼到北京首都机场卫检所进行为期半年的岗位培训。1989 年，拉萨卫检所分别派其美卓嘎、旺萍、布琼到上海、北京、大连等卫检所学习口岸卫生监督业务,1992 年 5 月,上海卫检局派吕祥宝、黄健康、马军三人援助拉萨卫检局工作,一方面培训和指导拉萨卫生检疫、实验室检测、进口食品监督工作,另一方面交流业务工作体会。至 1999 年,拉萨卫检局派员参加区内外英语培训班 6 期 9 人次,到内地局培训卫生检疫业务 9 人次,到内地局进行岗位业务培训、跟班作业 7 人次。

至 1999 年年底,樟木卫检局先后派出十余名干部到内地局培训各项卫检业务。

第三章　业务监督管理

第一节　进出口商品检验的监督管理与鉴定

一、进口商品监督管理

（一）监督措施

1978年6月，拉萨商检局派员赴樟木口岸、甘肃柳园和青海湟源等进口商品集散地，对进口商品的品质、数量、重量和包装等进行调查了解，同年7月、9月先后在柳园（湟源）、樟木口岸开验进口商品，并实施监督管理。督促进口商和收、用货单位对进口商品实施验收，并规定凡未经检验的进口商品，不准调拨，不准入库，不准使用。

根据国家关于“加强管理、认真检验、公证准确、维护信誉、促进外贸、为四化服务”的商检工作指导方针，按照《进出口商品检验条例》及其《实施细则》和自治区人民政府关于《西藏自治区实施（中华人民共和国进出口商品检验条例）的办法》，1984年，西藏商检局对西藏地区进出口商品实行品质管制，品质管制是指对进出口商品的包装、质量和外观严格按合同标准、规定进行检验，为防止残、次、劣进口商品输入，未经检验的进口商品不准安装、投产，不准调拨、销售和使用；对西藏地区的进出口商品检验实施监督管理，统一办理对外贸易关系人申请的公证鉴定工作。

1986年，西藏商检局下发《西藏自治区现行实施进出口商品种类表》、《商检办法》、《西藏地区进口商品报验、申报须知》，并与自治区财政厅、中国人民银行西藏自治区分行、中国银行拉萨分行联合下发《关于违反〈商检条例〉有关罚款事项的规定》，规范了进口商品的检验监督管理工作。

1987年，西藏商检局下发《西藏从格尔木进口家用电器管理办法的通知》、《关于加强进口商品检验的通知》、《关于陆运进口苏联、东欧国家的家用电器检验管理的几点意见》、《关于〈加强进口机动车辆管理〉的通知》，同时转发了国家商检局、国家经委、对外经济贸易部、海关总署《关于发布〈进口商品质量监督管理办法〉的联合通知》，进一步强化了对进口商品的管理。

1988年9月，西藏商检局下发《三资企业和“三来一补”贸易方式进出口商品检验监督管理办法》和《进出口商品认证管理办法（试行）》。

1989年8月1日，国家《商检法》颁布实施，自治区人民政府办公厅发出《关于学习、宣传、贯彻〈进出口商品检验法〉的通知》，自治区人民政府召开贯彻《商检法》大会，自治区人民政府办公厅副秘书长樊万斌代表人民政府在西藏电视台发表题为《商检把关服务，促进西藏外贸事业的发展》的电视讲话。

1990年，西藏商检局开始派员参与流通领域进口商品的监督管理工作。

1992年7月22日，西藏商检局为进一步强化检验管理，提高检验工作质量，对内制定了《西藏商检局监督管理办法》、《西藏商检局单证管理办法》等26个管理办法。

1993年，西藏商检局重点开展对认可的社会实验室管理，确保社会检测结果的真实、准确。

1994年，西藏商检局转发国家商检局《进出口商品认证管理办法》和《强化安全、卫生、质量许可证制度的通知》，对进口家电、进口汽车无“安全标志”的违法行为进行查处和批评教育。同年，开始批量进口成套设备，为此自治区人民政府下发《西藏自治区成套设备检验、监督管理办法》，要求西藏商检局强化对进口成套设备的检验和监督管理。同时，西藏商检局与自治区经贸厅、自治区人民政府口岸办联合下发《关于检查〈商检法〉执行情况的通知》，并召开20多家单位负责人参加的执法检查工作会，当年，西藏商检局制定《西藏进出口商品检验监督管理办法》。《西藏自治区商品交易市场管理条例》要求商检参与进口商品流通领域打假的规定，西藏商检局与自治区工商局联合下发《西藏自治区关于对流通领域进口商品加强检验和监督管理的办法》，与自治区财政厅、工商局联合下发《关于加强西藏自治区外商投资财产鉴定工作的通知》。

1995年12月19日，西藏商检局与自治区公安厅联合下发《关于加强西藏地区进口机动车辆把关的管理办法》。

1996年，西藏商检局与自治区经贸厅、拉萨海关联合下发《关于进口货物转关运输管理办法》，明确外贸经营单位在办理报关手续前必须到西藏商检办理报验，并由西藏商检局各分支机构检验转关货物。西藏商检局内部制订“西藏商检局监管工作反馈单”。

1986～1995年，进口商品检验监管情况和重点进口商品检验管理情况见表5－3－1、表5－3－2。

1986～1995 年进口商品检验监管情况表

表 5－3－1

年　份	进口到货		进口商检	
	批次	金额（万美元）	批次	金额（万美元）
1986	200	323.39	120	654.10
1987	1552	1251.90	562	453.31
1988	203	609.70	119	275.46
1989	257	1310.18	201	786.11
1990	363	1599.21	241	973.91
1991	434	1951.99	289	1206.58
1992	522	2382.51	347	1494.83
1993	626	2908.19	416	1851.95
1994	751	3549.74	499	2294.38
1995	902	4332.81	599	2842.51

1986～1995 年重点进口商品检验管理情况表

表 5－3－2

年份	商品名称	计算单位	到货情况			商检情况		
			批次	数量	金额（万美元）	批次	数量	金额（万美元）
1986	汽车及摩托车	台	5	108	98.25	5	108	98.25
	建材	吨	3	3	87.38	3	3	87.38
	成套设备	万美元	1	/	106.13	1	/	106.13
	电动设备	万美元	1	/	5.89	1	/	5.89
	家用电器	台	5	2247	35.29	4	1670	26.24
	皮张		1	/	21.62	1	/	21.62
	大米	吨	2	348	5.34	2	348	5.34
	植物油	吨	13	6	0.88	13	6	0.88
	纺织品	万米	21	56	118.54	21	56	118.54
	藏红花	公斤	1	2	0.037	1	2	0.037

续表 1

年份	商品名称	计算单位	到货情况			商检情况		
			批次	数量	金额（万美元）	批次	数量	金额（万美元）
1987	汽车及摩托车	台	4	160	89.66	4	160	89.66
	电动设备	万美元	3	/	16.44	3	/	16.44
	建材	万美元	2	/	127.73	2	/	127.73
	音响设备	万美元	1	/	53.48	1	/	53.48
	家用电器	台	5	4052	81.49	5	4052	81.49
	畜产	美元	4	/	79.95	4	/	79.95
	藏红花	千克	1	5	0.46	1	5	0.46
	植物油	吨	15	41.33	10.18	15	41.33	10.18
	食品	万美元	4	/	17.15	4	/	17.15
	染料	万美元	6	/	13.63	6	/	13.63
	纺织品	万美元	2	/	43.03	2	/	43.03
	工艺品	万美元	1	/	8.00	1	/	8.00
	毛毯	条	3	12418	22.23	3	12418	22.23
1988	中药材	吨	3	5	6.41	3	5	6.41
	粮食	吨	2	22	0.24	2	22	0.24
	植物油	吨	7	64	9.94	7	64	9.94
	染料	万美元	2	/	7.46	2	/	7.46
	工艺品	万美元	1	/	9.9	1	/	9.9
	毛毯	条	3	2331	3.16	3	2331	3.16
	纺织品	万美元	3	/	81.52	3	/	81.52
	轻工产品	万美元	3	/	2.26	3	/	2.26
	汽车及摩托车	台	2	412	294.79	2	412	294.79
	动力设备	万美元	1	/	22.19	1	/	22.19
	家用电器	台	12	830	1.79	12	830	1.79
	建材	万美元	2	/	40.56	2	/	40.56
	照明器材	架	2	100	0.79	2	100	0.79

续表 2

年份	商品名称	计算单位	到货情况			商检情况		
			批次	数量	金额（万美元）	批次	数量	金额（万美元）
1989	中药材	万美元	1	/	0.63	1	/	0.63
	染料	万美元	2	/	3.89	2	/	3.89
	工艺品	万美元	2	/	47.99	2	/	47.99
	纺织品	万美元	3	/	93.16	3	/	93.16
	毛毯	条	1	/	2.19	1	/	2.19
	粮食	吨	1	199	2.14	1	199	2.14
	植物油	吨	4	37	6.42	4	37	6.42
	农药	吨	3	165.6	148.65	3	165.6	148.65
	食品	吨	2	80	19.66	2	80	19.66
	矿产品	吨	2	141	1.67	2	141	1.67
	汽车及摩托车	台	3	166	203.84	3	166	203.84
	家用电器	台	5	4180	120.54	5	4180	120.54
	钢材	吨	2	1200	27.76	2	1200	27.76

（二）质量许可证制度

进口商品安全质量许可制度是检验监督进口商品质量，以适应安全、卫生、环境保护、劳动保护等社会公益的要求，维护消费者的利益，确保人生和财产安全的一项质量监督管理制度。实施进口商品安全质量许可证的商品目录，由国家商检部门决定。西藏商检局主要对进口商品实施进口安全质量许可制度管理。

1987 年 9 月 8 日，国家商检局、计划经济委员会、对外贸易部、海关总署联合颁布《进口商品质量监督管理办法》，对涉及安全、卫生、环保、劳保和检疫的商品，实行进口商品质量许可制度，并由商检机关和有关监督、检验机构公布实施质量许可制度的进口商品目录及按有关法规和标准进行检验，考核与注册或颁发进口质量许可证。

1989 年 7 月 28 日，依据国家商检局布告，自治区将汽车、摩托车、摩托车发动机、电冰箱及其压缩机、空调器、空调器压缩机、电视机和显像管等 9 种进口商品列入《首批进口商品质量许可制度目录》，并实施监督管理。对上述进口商品的样品进行检测，认定合格由国家商检局签发质量许可证书并批准使用安全标志。对获得质量许可证书和使用安全标志的商品及生产厂进行不定期的日常监督。1990 年 5 月 1 日以后，凡未获准使用安全标志的 9 类商品一律不准进口。

1992年，根据国家商检局发布的《进口商品安全质量许可制度实施细则》，凡须办进口商品质量许可证的商品，进口到货后，仍须抽查检验，接受西藏商检机构的监督管理。

1992年6月19日，根据国家商检局《关于加强进口汽车质量许可证把关的通知》，西藏商检局与拉萨海关、自治区经贸厅、拉萨公安监理所等单位，协调如何贯彻进行汽车质量许可证制度问题。

1995年9月28日，根据国家商检局、经贸部《关于发布〈第二批实施安全质量许可制度的进口商品目录〉的通知》，西藏商检局提出自治区贯彻实施意见。第二批实施安全质量许可制度的进口商品目录，国家商检局于1995年发布，共38种商品，自1995年10月1日起实行。

（三）封识、标志管理

1. 封识管理①

1987年8月，西藏商检局根据国家商检局《进出口商品封识管理办法》，要求对下列进出口商品进行封识管理。（1）容易掺假使假或易发生批次混乱的商品；（2）贵重商品；（3）质量问题较多的商品；（4）涉及安全、卫生的商品；（5）凭样品成交的样品、寄送国外的样品及进口索赔的封识样品；（6）国外有规定或要求签封的商品；（7）对外贸易关系人申请要求签封的商品。此外，西藏商检机构可根据进出口商品包装材料性质和储运条件，确定应采用的封识材料和封识方法。凡对进出口商品实施封识管理时，西藏商检局指定检验机构派员，按规定进行封识或监督封识，有关单位应提供工作条件及辅助人力，以保证封识顺利进行。如需启封，有关单位应提前通知西藏商检机构办理。经封识后，封识材料有破损情况的，有关单位应及时通知西藏商检机构查明原因进行处理。经西藏商检机构加封的封识，不得擅自启封、涂改、移动和销毁，违者由西藏商检机构按照有关规定予以惩处。商检机构所用的封识材料由国家局统一制备。

国家规定的封识种类为五种：（1）铅丸封识；（2）封条封识；（3）钢卡（钢扣）封识；（4）不干胶纸封识；（5）火漆封识。

西藏商检机构使用较多的封识为封条和铅丸。1988年，对有争议需索赔的商品如镀锌铁皮、钢材等也进行封识管理。1992～1994年，羊湖电站对进口设备在格尔木监卸、监装后实施封识管理。

2. 商检标志② 管理

1987年12月，国家商检局下发《中国进出口商品检验标志管理办法（试行）》

① 封识管理是商检机构对某些进出口商品，或凭样品成交需经商检机构封样的样品，以及有关的运载工具和仓储设备等，采用特定的材料、封识章实施加封的监督管理措施，目的是加强批次管理，保证货证相符。

② 商检标志是在进口商品的表面或外包装及小包装的明显部位加附国家规定的各种检验标志，以证明该商品符合国家或国际标准。

(简称《标志管理办法》)。

1989年，国家商检局决定对涉及安全、卫生的进口商品实行进出口商品质量许可制度，首批9类商品需加贴商检标志方准进口。

从1990年起，西藏商检局对获得进口商品质量许可证并批准使用“商检标志”的商品实施监督管理，同时开展对流通领域的进口商品的监督管理。

1994年，按照国家商检局的规定，西藏商检局启用新的有防伪技术的“安全标志”、“卫生标志”及“质量标志”以及“认证标志”、“验讫标志”、“抽过样品标志”、“官方兽医检验证明标志”。西藏商检局使用最多的为“安全标志”、“抽过样品标志”。“安全标志”主要在进口家用电器检验合格后使用。

(四) 流通领域进口商品管理

1990年，西藏商检局开始对拉萨地区进口家电、照相器材、汽车配件等市场进行调查研究，落实检验和实施监督管理。专项调查组对拉萨市区部分家电市场进行调查，共查出夏普、日立、松下、东芝、索尼、日立、飞利浦各种型号彩色电视机1784台，富来康录放像机12台，先锋组合音响4套，东芝吸尘器10台，三洋收录机44台，松下录像带150盘。以上约30批进口家用电器均未进行法定的商品检验，质量得不到保证。

1994年初，西藏商检局会同自治区工商管理局联合制定《西藏自治区流通领域进出口商品的检验监管办法》。同年，自治区人民代表大会通过的《西藏自治区商品交易市场管理条例》明确规定，商检参与交易商品市场的管理。11月29日，西藏商检局与山南工商局联合进入山南交易市场，对进口家用电器进行了抽查检验和监督管理。

1995年，西藏商检局会同自治区工商行政管理局、自治区消费者协会等部门，对流通领域中的家用电器、汽配、化妆品、食品等进行专项检查，对经营无“商检标志”和假冒伪劣商品的单位和个人，予以批评教育和处罚。同年“3·15”国际消费者权益日，西藏商检局派员参加宣传、咨询活动，散发宣传资料200多份，咨询人数达百余人次。

1996年“3·15”前夕，西藏商检局会同自治区消费者协会、工商局、技术监督局、卫生防疫站、拉萨市文化市场管委会等单位，对拉萨市场所售商品进行抽查，向消费者宣传国家规定实行安全质量许可的进口商品管理办法，提醒消费者在购买时如何识别安全标志，如何识别假冒伪劣商品，如何用法律保护自身利益。宣传点共接待咨询500余人次，发放宣传材料300余份。

1996年，根据国家商检局、国家工商局《关于印发流通领域进口商品质量监督管理工作会议纪要的通知》，西藏商检局与自治区工商局共同制定《西藏自治区流通领域重点进口商品监督检查实施方案》，《方案》规定了流通领域进口商品监督检查的时间、抽查的商品范围、区域、组织、人员、程序及原则。

1996年流通领域进口商品抽查情况见表5－3－3。

1996 年流通领域进口商品抽查情况表

表 5－3－3

商品	商品品种品牌（个）	国企	集体	个体	三资	检查商品数量	未加贴安全标志	无商检证书	假冒
彩电	4	2	2	12	/	20	5	20	2
冰箱	2	/	/	4	/	6	3	6	/
化妆品	4	2	2	8	/	28	/	20	16

1997 年“3·15”活动中，西藏商检局与自治区工商局、消协、技术监督局等部门联合开展宣传及咨询活动，并将《商检法》及流通领域进出口商品质量的知识翻译成藏文发放给消费者。11 月，根据国家商检局文件精神，西藏商检局与自治区工商局联合成立流通领域进口商品质量管理办公室，当年对拉萨市流通领域进口商品进行一次抽查，未发现严重的质量问题。

（五）货物集散地进口商品监督管理

青海省格尔木市是自治区进出口物资的主要集散地，西藏商检局于 1978 年 6 月开始对货物集散地的青海湟源、甘肃柳园等地的进口商品实施监督管理，主要是对两地的机动车辆及配件、镀锌铁皮、家用电器、成套设备、农药、胶合板、相纸、橡胶、卷烟用纸成套设备等质量进行督促验收。

20 世纪 70 年代末、80 年代初，西藏进口商品质量问题较多，进口商品包装破损，数（重）量短少，部分收、用货部门对商品的检验及验收工作不够重视，怕困难、嫌多事，有问题也不索赔，西藏商检局加强监督管理，督促收、用货单位自行验收，并采取与收、用货单位共同检验相结合的方式。

1984～1997 年格尔木办事处检验监管商品情况见表 5－3－4。

1984～1997 年格尔木办事处检验监管商品情况表

表 5－3－4

年　份	批次或金额	主要商品
1984	34 批 1400 万人民币	建材、车、配件
1985	10 批	金属材料、汽车
1986	65 批 632.5 万人民币	金属材料、汽车
1987	10 批 141.22 万美元	金属材料、汽车
1988	37 批 2200 万人民币	金属材料
1989	304 批	金属材料、汽车及配件、家电
1990	265 批	金属材料

续表

年　份	批次或金额	主要商品
1991	173 批	金属材料、汽车及配件、农药
1992	/	/
1993	47 批 1500 万美元	机电仪、家电、汽车
1994	134 批 1000 万美元	金属材料、家电、机电仪
1995	/	/
1996	23 批 400 万美元	机电仪、金属材料
1997	17 批 400 万美元	机电仪、金属材料

二、出口商品监督管理

1978 年 7 月，拉萨商检局制订《关于进出口商品开验的通知》，规定对列入现行实施检验商品种类的进出口商品品质，实施强制性法定检验；对未经商检局检验合格的，不得出口。

20 世纪 70 年代末至 80 年代初，西藏地区主要出口商品有混合绵羊绒毛、棉织品、毛织品、胶鞋、电池、日用品等十余种商品。1979 年，西藏商检机构共检验管理出口商品 238 批，价值 190 万元，其中保温瓶、鞋、瓷器等 10 批产品存在外包装破损、数量不符等问题，属不合格产品。对存在质量问题的出口商品不准出口，责令出口企业重新调换商品、整理外包装后，方准出口。并要求外贸等部门对不合格的羊毛等畜产品不收购、不入库，把住质量源头。

为加强西藏地区进出口商品检验管理，1984 年 12 月，自治区人民政府颁布《西藏自治区实施〈中华人民共和国进出口商品检验条例〉的办法》，对出口商品的管理做了具体规定。

随着出口羊毛的增加和检验中出现的问题，1988 年 9 月，西藏商检局制订《关于颁布西藏自治区出口羊毛质量监督管理办法的通知》。

1990 年 3 月，西藏商检局、拉萨海关联合制订《西藏自治区关、检联合管理办法》。1993 年，为进一步加强检验把关，惩处逃检行为，西藏商检局制订《关于加强检验把关的决定》。1994 年，西藏商检局制订《西藏商检局拉萨机场进出口商品检验管理办法》。1995 年 7 月，西藏商检局制订《加强出口商品产地检验、监督管理的规定》。

1989 年，西藏商检局正式对出口生产企业实施质量许可证制度，先后向拉萨地毯厂等生产企业提供品质要求、检验规程、行业标准等资料，提出整改措施，参与地毯等级评审工作。根据国家商检局《出口商品质量许可证管理办法》，西藏商检局结合西藏地区出口商品和企业管理状况，制定《西藏商检局出口商品质量许可证考核管理办法（试行）》，比国家商检局的考核规定相对放宽一些。1989 年以来，对分布在日喀则、那曲、山南、拉萨等地的出口生产企业进行质量许可的考核、复查工作，帮助企业建立健全质量保证体系。先后有拉萨市地毯厂、拉萨市城关区地毯厂、山南乃东地毯厂、江孜地毯厂、日喀则卡垫厂、西藏岗坚地毯厂、日喀则外贸公司地毯厂、那曲地毯厂、山南浪卡子地毯厂、布达拉地毯有限公司、拉萨皮革厂等 11 家企业，获得出口质量许可证。同时坚持两年复查一次。复查合格的予以换证，不合格的要求限期整改，再检查不合格者，取消出口质量许可证资格。

西藏商检局加强对出口商品的封识和批次管理。主要开展对出口绵羊毛的铅丸产地检验后加施封识，防止发生批次混乱，以便樟木口岸商检机构查验放行。对出口尼泊尔的布匹、大蒜等大宗商品口岸检验后，对装载车辆的车门实施钢卡封识，防止换货，以便口岸联检现场查验放行，保障了出口商品的质量和数量。

三、鉴定

在国际贸易中，贸易关系人为了双方交接货物的需要，委托检验机构实施鉴定，并出具书面证明。常见的鉴定业务包括进出口商品品质、数量、重量、包装鉴定，集装箱鉴定，进口商品的残损鉴定，出口商品的装运技术条件鉴定，抽取、铅封进出口货物的装船样品、卸船样品、成交样品的鉴定，承运进出口商品运输工具的加封与启封，产地证明，价值证明，资产评估和其他鉴定业务。西藏商检局主要开展外商投资财产价值鉴定和委托鉴定业务。

（一）外商投资财产鉴定①

1994 年 3 月 17 日，西藏商检局首次接受西藏港旅有限公司的一批外商投资财产鉴定。当年接受鉴定 3 批，降值率为 15.5%。

根据国家商检局、财政部《外商投资财产鉴定管理办法》，西藏商检局结合西藏实际，于 1994 年 12 月制定《西藏自治区外商投资财产价值鉴定暂行办法》，该办法于 1995 年 4 月 12 日由自治区人民政府主席常务会讨论通过并发布实施。

1995 年 2 月，西藏珠峰毛纺织厂（合资企业）向西藏商检局申请 19 台毛线制品设备的价值鉴定，该批设备为合资的尼泊尔方提供西德、英国及印度制造的毛线制品设备作价投入，价值 30 万元人民币。设备运至拉萨后，投资方虽几经修理，勉强安装后仍无法投产使用，致使该批设备闲置近三年，给合资公司造成损失。西藏商检局受理报验后，对 19 台机器设备进行了现场勘查鉴定，主要设备虽然重新油漆，但都是二手货，设备磨损严重，有 2 台为 1881 年制造，3 台为 1887 年制造，3 台为 1914 年制造，有 6 台设备为淘汰产品，其余 5 台可正常使用。

---

① 外商投资财产鉴定是商检机构凭财产关系人（代理人、保险人、事故当事人）及经济利益有关各方的申请，或司法机关仲裁、验资机构等有关部门的委托，根据所掌握及申请提供的有关资料，应用科学的方法，对财产进行定性、定量的说明和评价过程。外商投资财产的鉴定一般包括价值鉴定、损失鉴定、品种、质量、数量鉴定以及其他有关鉴定。

根据上述情况及有关资料，经查询同类及相关产品的现行价格，结合设备性能，用市场法和成本法对整批设备进行价值鉴定，尼方作价投入的30万人民币的设备，其实际价值仅为5.4万多元人民币，贬值率高达81.9%。

鉴于西藏三资企业主要是西藏自治区与尼泊尔和港、澳、台等地区，以羊毛、地毯、畜产品、药品加工为主，生产规模以小型居多，合资方大多以货币投资或参与技术管理为主，大部分厂址设置在沿海和内陆省份的实际，1996年，西藏商检局与自治区财政厅、工商局联合下发《关于加强西藏自治区外商投资财产鉴定工作的通知》，加强外商投资财产鉴定工作。

1996年，西藏商检局受理西藏雪莲地毯有限公司申报的鉴定工作，报价为36.9万元人民币，经西藏商检局参照同类财产的市场价值，鉴定为30.2万元人民币，降值率达18%。其实物作价中投入了铅笔、圆珠笔、橡皮擦、钉书机及针等在西藏市场随处可购之价廉物实的小商品。

（二）委托鉴定

西藏商检局开展委托鉴定业务始于1991年，主要配合自治区工商消费者协会打假的鉴定和检察院、法院以及社会委托鉴定。影响较大的两批鉴定为山南检察院委托的一批汽车鉴定和自治区工商局委托的一批柯达彩卷鉴定。经鉴定的56辆汽车，使用单位给国家造成的直接损失达152.72万元，间接损失141.90万元。柯达彩色胶卷鉴定为赝品。

1994~1999年委托鉴定情况见表5-3-5。

1994~1999年委托鉴定情况表

表5-3-5

年　份	鉴定批次	备注	年份	鉴定批次	备注
1991	7	/	1996	17	/
1992	18	第三季度	1997	11	/
1993	32	/	1998	6	/
1994	21	/	1999	/	1~9月份
1995	12	/			

第二节　进出境动植物检疫监督管理

动植物检疫监督管理是对进出境动植物产品的生产、加工、存放等环节进行动植物疫情的监管。动植物检疫管理的目的是防疫于生产线，消除动植物疫情隐患，保证出口货物符合输入国的规定和要求，维护中国对外贸易信誉，防止动物传染病、寄生虫病和植物危险性病、虫、杂草及其他有害生物传入传出国境，保护农、林、牧、渔业生产安全和人体健康，促进对外经济发展。

鉴于西藏自治区的主要贸易国尼泊尔无相应的动植物检疫机构，该国动植物疫情复杂，进入中国的植物及植物产品多于动物产品，而输入尼泊尔的动植物又无检疫要求。因此，西藏对进境货物的检疫监督管理严于出境货物。

一、注册登记

1992年，国家动植检局发布《关于印发中华人民共和国进出境动植物检疫报检单位注册登记和报检员管理试行办法》。拉萨动植检局于当年正式试行动植物检疫注册登记管理制度，开始实行单位资格审查、发证、审证等工作。注册范围为辖区内直接或代理货主向口岸动植物检疫机关办理进出境动植物检疫手续的企事业单位、个体（考虑到西藏主要以边贸为主，对从事边贸的个体商贩也进行该项管理）及进出境动植物及产品的生产、加工、库存运输单位。

1992～1997年，拉萨动植检局共注册登记拉萨市、日喀则地区、林芝地区、樟木口岸等各地区进出口企业及相关个体商户计116家，并发放了动植物检疫登记证。

二、进出境检疫监督

根据西藏口岸进出境动植物及其产品批次多、批量小的特点，1988年，拉萨动植检局在进出境口岸或外贸物资起运点实施检疫，发现疫情并对带疫产品进行检疫处理。按照《动植物检疫法》和有关法律法规，结合西藏检疫工作的实际，制定《西藏进出境动植物检疫报检单位注册登记和报检员管理试行办法》、《受理报检检疫员岗位职责》、《邮检检疫员岗位职责》、《动检实验室检疫员岗位职责》、《植检实验室检疫员岗位职责》、《口岸现场检疫员岗位职责》、《进出境动物及其产品检疫程序》、《进出境植物及其产品检疫程序》、《报检员管理办法》、《进口蔬菜、水果检疫管理办法》、《进口橘柑检疫管理办法》和《进口粮食检疫审批和监督管理办法》等规章制度。

1997年，拉萨动植检局对自治区42家进出口单位进行注册登记和年审，对进出口货物实施监督管理。如对经樟木口岸出口羊毛的拉萨洗毛厂的生产流水线、贮存仓库考核和监督管理；对经樟木口岸进口的蔬菜在拉萨市场的后续管理。

第三节　国境卫生监督管理

一、拉萨航空口岸卫生监督与监测体检

（一）卫生监督

拉萨卫生检疫局按照《国境卫生检疫法》、《食品卫生法》、《传染病防治法》、《公共场所卫生管理条例》、《饮用水卫生标准》等卫生法规和卫生标准，负责对拉萨机场辖区范围内进行现场卫生监督和卫生学评价。

1990年，拉萨卫生检疫所对拉萨贡嘎机场跑道沿线5公里范围内进行卫生监督，清除垃圾8吨。

1992年4月，拉萨贡嘎机场卫生监督正式划归拉萨卫生检疫所负责。7～8月，拉萨卫检局对自治区民航局所辖宾馆、售票处、候机楼进行公共场所卫生监督、监测和卫生评价，采样24份，经检验符合卫生学标准。

1992年5月，在上海援藏工作组的协助下，拉萨卫检局开展进口食品监督检验工作。当年对拉萨市经营进口食品的175家单位进行调查，其中个体商贩160家，占应查总数45.7%，国营企业15家，占应查总数的75%。进口食品29种（以糖果、饼干、植物油和方便面为主），计449.22吨。经采样13个样品检验，除机场饮用水细菌总数超标外，其余未查出致病菌。

1993年，拉萨卫检局卫生监督进口食品企业20家，处理销毁过期霉变食品1500公斤，发放进口食品卫生许可证12份，报检员证10份。对检验合格的进口食品加贴了防伪标志。

1995年8月，为迎接自治区成立30周年，拉萨卫生检疫局对机场内外环境、饭店、候机楼等进行卫生监督，处理垃圾8吨。

1995年，拉萨卫检局卫生处理入出境蔬菜、水果、水产品等食品约50吨，监督检查35家经营进口食品企业，受检食品3.5万吨，查出不合格“洋酒”11瓶。

1996年，卫生监督进口食品5485吨，主要为面粉、糖类和植物油。经对20种食品进行抽检采样，均符合卫生标准，发放卫生许可证29份，对3家违规个体商户进行了警告，责成限期整改。

1997年，对机场公共场所从业人员实施体检245人，其中查出乙肝表面抗原阳性24人，梅毒2人，发放健康合格证219份。

1998年，在对拉萨至加德满都航班进行日常性卫生监督中，从客舱中查获变质牛肉干25袋，沉淀矿泉水46瓶，给予当场扣留和集中销毁处理。当年，发放卫生许可证9份，食品采样8种，销毁不合格食品120公斤。

（二）监测体检

国家《外国人入出境管理办法》中规定有艾滋病、性病、麻风病、开放性肺结核和精神病，流感、病毒性肝炎、流行性斑疹伤寒、疟疾、脊髓灰质炎、流行性出

血热等20种监测传染病及其他法定传染病和卫生部指定的传染病不允许入境。拉萨卫生检疫局通过疫情收集、传染病报告、健康观察和健康询问、查验相关证件，就地诊验和发放就诊方便卡，对入出境人员进行健康体检和预防接种，以及对媒介生物监测等程序和措施，实施传染病监测体检。主要开展的监测工作有鼠疫、霍乱、艾滋病、性病、乙型肝炎的血清学监测检查。

1989年，根据国家卫生部、公安部《关于中国公民出入境提交健康证明的通知》，拉萨卫检所对传染病监测体验的程序、实施办法做出规定，配置了专用检测设备，配备了专业人员。

1990年8～9月，尼泊尔发生霍乱，拉萨卫检所采取对入境飞机进行严格消毒，入境人员须出示健康证书等应急措施，防止霍乱传入国境。

1992年，拉萨卫检局成立检验室。5月，上海卫检局抽派3名援藏技术人员，开展传染病监测工作。

1993年7月9日，1名尼泊尔男子到拉萨做工，入境后按规定时限到拉萨卫检局接受检查，经检验HIV－Ab呈阳性，经上海卫检局艾滋病实验室确认，这是西藏自治区发现的首例艾滋病病毒感染者。根据《艾滋病监测管理的若干规定》第6条、第7条规定，拉萨卫检局会同公安部门将该名尼泊尔男子监护离境。同年，拉萨卫检局查出2名外籍人员感染梅毒，由公安部门和外事管理部门将2名患者监护离境。

1995年，为开展拉萨贡嘎机场动物间鼠疫监测，拉萨卫检局组织业务人员进行为期1月的鼠防知识培训。随后，对机场进行鼠情和染蚤情况调查，捕获2只黑唇鼠兔，2匹细丙新蚤。未发现自毙鼠。入境人员进行传染病体检1664人次，查出乙肝表面抗原阳性9例，检出率为0.54%。从业人员健康体检中，查出梅毒2人，检出率为0.65%。

1996年，入境人员血清检测HIV199人，均为阴性，长住外籍商人及留学生体检人数为68人，查出乙肝表面抗原阳性2人，阳性率为2.94%；口岸从业人员体检272人，乙肝表面抗原阳性28人，阳性率为10.29%；查出1名梅毒患者，责令其调离原岗位，到指定的医院就诊治疗。

1997年，入境现场HIV血清检测126人，入境长住外籍商人、留学生监测检查79人。查出乙肝表面抗原阳性3人，阳性率为3.8%。公共场所从业人员体检219人，查出梅毒2例，乙肝表面抗原阳性24人，阳性率分别为0.9%、10.95%。同年7月，1名比利时项目官员因公务活动来拉萨，在例行HIV血清学检测中，HIV抗体呈阳性，经送北京卫检局艾滋病确认实验室确认为艾滋病病毒感染者，后监护出境。

1998年，艾滋病、性病监测检查128人。7月，根据国家卫检总局要求，拉萨卫检局会同山南地区贡嘎县卫生局和防疫站对贡嘎机场内外开展了大规模的灭鼠、灭蚤工作。

1999年8月6日，根据自治区人民政府《关于加强贡嘎—拉萨—达孜等重要交通干线鼠疫监测及疫情控制实施意见》和贡嘎县疫情监测报告，拉萨卫检局与自治区地防所、山南地区卫生防疫站等单位一起参加灭鼠，拉萨卫检局组织民航、军航、边检和民工，负责机场内外的工作，通过鼠药投放和布夹诱捕，降低了机场内外的鼠密度。

1999 年，艾滋病、性病监测检查 52 人，未发现感染者。

1989 ~ 2000 年拉萨卫检局传染病监测体检情况见表 5 - 3 - 6，1989 ~ 1999 年拉萨机场口岸从业人员健康体检情况见表 5 - 3 - 7。

1989 ~ 1999 年传染病监测体检情况表

表 5 - 3 - 6

年　　份	体检人数	合格人数	签证数
1989	45	45	45
1990	68	68	68
1991	162	162	162
1992	1147	1112	1112
1993	1494	1485	1485
1995	1664	1265	1485
1996	1596	1591	1591
1997	1282	1282	1282
1998	1659	1629	1629
1999	928	925	925
2000	671	670	670

1989 ~ 1999 年拉萨机场口岸从业人员健康体检情况表

表 5 - 3 - 7

年　　份	体检人数	合格人数	签证数
1989	98	96	96
1990	151	151	151
1991	178	174	174
1992	167	154	154
1993	156	149	149
1995	308	286	286

续表

年　份	体检人数	合格人数	签证数
1996	272	244	244
1997	241	219	219
1998	204	204	204
1999	82	63	63
合计	1857	1740	1740

（三）预防接种

《国境卫生检疫法》第16条及《实施细则》第100条规定，将查验预防接种证书作为入出境人员实施查检的主要内容。不能出示预防接种证书者，一律进行相应的预防接种。拉萨卫检局结合本地实际，针对入出境人员大多往来于印度和尼泊尔的特点，重点实施霍乱菌苗的预防接种，同时也开展其他传染病疫苗的预防接种。截止到2000年，累计预防接种8189人，签发《预防接种证书》8613份。

1987～1999年预防接种情况见表5-3-8。

1987～1999年预防接种情况表

表5-3-8

年　份	预防接种人数	签发证数	备　注
1987	457	457	
1988	167	167	
1989	320	320	
1990	246	246	
1991	162	171	
1992	297	303	
1993	729	754	
1995	1254	1261	
1996	1528	1591	
1997	968	1282	
1998	856	856	
1999	923	923	
2000	694	694	

(四) 尸体棺柩的卫生管理

根据《国境卫生检疫法》规定，入出境尸体棺柩的托运人或者其代理人必须向国境卫生检疫机关申报，经卫生检查合格后，方准运进或运出。《实施细则》规定，患检疫传染病死亡的尸体必须就近火化，不准移运。

拉萨卫检局对尸体棺柩的管理采取临床检查、卫生处理、签发检疫证明等方式。1988～1999年拉萨卫检局卫生处理尸体棺柩40例。

二、樟木陆路口岸卫生监督

(一) 口岸卫生监督

1. 管理

樟木卫检局根据口岸实际，结合国家有关卫生法律法规，制定了《樟木口岸地区食品卫生监督调查评分表》、《樟木口岸地区食品从业人员须知》，对口岸内所有饭店、茶馆、酒店采取“卫生挂牌”制度，同时实行“卫生许可证”管理制度，对从业人员进行定期健康体检并发放健康证。凡前往疫区的旅客一律接种霍乱菌苗。1992～1999年，共进行口岸卫生监督205次，办理卫生许可证1324份；从业人员体检2163人次，签发健康证1893份；行政处罚120次；限期改进或停业整顿151次。

至1999年，樟木卫检局共接受进口食品监督检验109161.4吨，免收进口食品检验费62946.4元，退回不合格进口食品10.920吨，销毁过期变质进口食品26.99492吨。具体情况见表5－3－9。

1971～1999年进口食品监督检验及处理情况表

表5－3－9

年份 / 项目	1971～1991	1992	1993	1994	1995	1996	1997	1998	1999
进口食品监督检验(吨)	19577.3	10819.2	593.45	3352.4	8952.6	5805.3	21346.7	19116.5	19597.9
免收进口食品检验费(元)	/	/	/	/	/	/	16462.4	46484	/
退回不合格进口食品(吨)	8.42	/	/	/	2.5	/	/	/	/
销毁过期变质进口食品(吨)	/	7.1155	0.114	15.4	3.83	/	0.0542	/	0.53

2. 普查普治

自1977年以来，樟木卫检局针对樟木口岸卫生状况，开展了甲状腺机能亢进的普查普治，结核病普查普治，肿瘤发病率调查，大骨节病调查，布鲁氏杆菌病抽样调查，樟木口岸地区水质调查，进出境工作现场调查，口岸人群免疫水平调查，口岸传染病流行及分布调查，口岸鼠、蚤种群及密度调查。

3. 宣传

运用不同形式及方法，举办多期宣传专栏，发放各种宣传材料5000多份，并与樟木口岸电视台联合播放了预防艾滋病等专题录像200多次。利用卫生监督机会，针对不同情况，面对面地宣传《食品卫生法》、《国境口岸卫生监督办法》等各项法规。

（二）传染病监测与控制

1977～1999年年底，樟木卫检局共监测体检出入境人员8019人次，体检国境口岸服务行业从业人员2163人次。检出乙肝表面抗原阳性143人，霍乱9例，其他传染病269例。预防接种霍乱、甲肝、乙肝疫苗15513人次，就地诊验24人。签发国际旅行卫生健康证书951份，发放“就诊方便卡”691份，填写健康申明卡51471份。阻止来自疫区人员入境24人，门诊医疗64088人次。

1991年9月14～24日，樟木卫检所连续从入境的尼泊尔边民（关外境内尼籍背夫和他们食宿处的尼籍商人及亲属）中查出霍乱9例。经自治区卫生防疫部门分离培养和纯培养，镜检为革兰氏阴性弧菌，霍乱弧菌“0”多价玻片凝集试验“+++”；分型血清玻片凝集试验“+++”；生理盐水对照组为阴性，结果鉴定为“小川型”，其生化鉴定符合霍乱弧菌生化反应特征。樟木卫检所立即采取措施，阻止病人入境，对其居留地实施严格消毒处理，并加大对出入境旅客的查验力度，注射霍乱疫苗，很快控制了疫情。

（三）卫生处理

1977～1999年，樟木卫检局共消毒出入境车辆122辆次，卫生处理入境货物42339.62吨，销毁旧服装、旧麻袋14610件，环境卫生消毒7050立方米，杀虫2500平方米，灭鼠416只。

第四节　检验检疫监督管理

国家检验检疫局指示，各地实施新的流程管理，推行一次报检、一次计收费、一次抽采样、一次检验检疫、一次卫生除害处理、一次发证放行的“六个一”的检验检疫监督管理模式和CIQ综合业务计算机管理系统。为配合“六个一”检验监管模式和“先报检，后报关”的报检机制，根据全国检验检疫系统的统一部署，西藏商检局拔120万元专款，构建了全局局域网，安装CIQ综合业务计算机管理系统，组织多次操作培训。至2000年年底，各口岸局和西藏检验检疫局机关检验检疫业务工作已全部按CIQ综合业务系统运转。

出入境检验检疫实施新的流程管理，受理报检、计收费、检验检疫、卫生除害处理和发证放行工作必须在规定时限内完成。入境货物的现场检验检疫和抽（采）样工作一并完成。来自疫区的运输工具、集装箱和携带染疫或染疫嫌疑物的运输工具、集装箱，作为重点实行一次性检验检疫。对来自非疫区的飞机、汽车，采取监督抽查方式。对装有货物运输工具、集装箱的查验，结合货物检验检疫一并完成。对汽车等陆路运输工具，建立统一的检验检疫注册、备案制度。对出入境人员，实行一次性申报登记。对出入境人员携带、托运的物品，实行单独检验检疫或与海关联合查验的方式。出入境检验检疫总流程统一按国家检验检疫局综合业务计算机管理系统进行管理，出证放行。西藏检验检疫局制定《西藏出入境检验检疫局流通领域监管申请单》和《西藏出入境检验检疫局流通领域监管通知单》，确保监管到位。

入境的动植物及其产品，在提供贸易合同、发票、产地证书的同时，还必须提供输出国家或地区官方的检疫证书；须办理检疫审批手续的，还应提供入境动植物检疫许可证。经国家检验检疫局同意，入境植物产品的检疫审批手续，由西藏检验检疫局审批，为此，西藏检验检疫局制定《西藏局关于出入境动植物检疫审批管理的规定》。另外，入境食品、化妆品报检时必须提供标签审核证书。

1999年，检验、查验进出口商品3933批次，进口584万批次，出口3349批次，委托5批次。货物总值10050.17万美元。检疫进出境动物及其产品326批次，货物总值5578645.00元。动物27885头（只、匹），动物产品1批，0.03吨，检疫进境动物281批，23403头（只、匹），货值4736945元，动物产品1批，0.03吨。检疫出境动物44批次，4482头（只、匹），货值841400元。检疫进出境植物及其产品3250批次，货值81808565.00元，其中植物（苗木）1批次，6000株；植物产品40110件，26118.25吨。检疫进境植物1批次，6000株（苗木），植物产品2740批次，3320件，2055662吨；出境植物产品779批次，36790件，5561.63吨。检疫进出境飞机169架次，其中：进境飞机84架次，出境飞机85架次；进境汽车消毒6277辆。查验进出境旅客21467人次，检疫携带应检物品38人次。审批进境粮食、蔬菜、水果2767批次，13831吨。其中：粮食类2657批次，13285吨；蔬菜87批次，431吨；水果23批次，115吨。查验流通领域进口法国葡萄酒51批次，95吨。发现问题1批，39瓶（27.3公斤），货值1266.67元。体检检测783人，其中：出国公务人员205人；出国自费578人；艾滋病监测842人，注射霍乱疫苗650人。签发国际旅行人员健康证明书、预防接种证书783份。同年在机场口岸实行除虫、灭鼠卫生处理200人次，发现问题14次。

2000年，西藏检验检疫局与自治区工商局联合监督抽查经营进口商品的企业45家，共计抽查10大类、24个品种的271台（件）进口商品，涉及品种有手机、发电机、传真机、电视、电冰箱、音响设备、热水器、照相机、汽车配件等9大类，货值300万元。查获美国生产的热水器的型号与提供的材料不符，货证不符。经对14家进口水果经销批发商抽样检查，水果包装上注明有美国等几个国家产品标签，内部水果均为国产。本次活动，共计发放宣传材料13500份。全年共计检验检疫进出口商品5964批，货物总值12337.79万美元。其中：出境3905批，货物总值11132.33万美元，入境2059批，货物总值1205.46万美元。检验检疫不合格8批次，其中出境4批次、进境4批次，货物总值0.38万美元。检疫汽车8114辆、飞机 167 架，检疫出入境人员 186508 人次，邮检 140 件。出入境动物检疫 9884（头、只、匹），其中出境动物 2968（头、只、匹），进境动物 6916（头、只、匹），检疫动物产品 545 件，2266105.5 公斤。其中出境 545 件，2264565.5 公斤，入境 1540 公斤。检疫植物产品 7767 件，25315256.91 公斤。其中出境 6822 件，8700107.91 公斤，入境 945 件，16615149 公斤。检疫进口食品 13139967.3 公斤。发现问题 6850 公斤。预防接种 838 人。其中出境 826 人，进境 12 人。体检 1198 人。其中出境 1196 人、进境 2 人。

第四章　财　务

第一节　收　支

一、西藏商检局财务收支

商检财务收入主要是进出口商品检验费、公证鉴定费、委托检验费。

1977～1979年，经费由自治区外贸局统一管理。1979年3月，实行会计独立核算。1980年，拉萨商检局成立，财务管理归中央财政，国家商检总局对西藏商检机构实行差额补贴。1984年，实行事业单位财务制度，归国家商检局管理。1987年，国家财政部对全国商检系统实行财务包干，国家商检局对西藏商检局实行财务定额补贴的承包办法。

1989年，西藏商检局内部实行经费预算定额包干指（目）标管理，财务坚持“一支笔”审批制度，严格借款、报销审批手续，加强财务管理工作。

1980～1999年8月，西藏商检局财务收支都是支大于收，每年均靠国家商检局补贴。

1979～1999年西藏商检局财务收支盈亏实况见表5－4－1。

西藏商检局财务收支盈亏情况表

表 5-4-1

项目 金额 年份	收入万元	支出万元	赢利万元	差额（补贴）（万元）	备注
1979	2.06		3.46	1.34	3月1日起，实行会计独立核算
1980	3.05	6.54		3.49	财务管理归中央财政部局对拉萨实行差额补贴
1981	4.00	4.00		6.00	
1982	3.20	8.60		5.40	
1983	2.13	17.63		15.50	
1984	4.62	21.79		17.17	
1985	7.08	24.54		17.46	
1986	12.24	31.96		19.73	
1987	12.49	41.23		28.74	
1988	12.79	40.23		27.45	国家商检局实拨差额补贴30万元
1989	17.70	82.3		64.63	
1990	17.74	99.97		82.00	国家商检局实际补贴70万元
1991	21.00	115.98		95.00	
1992	34.27	374.79		344.00	补贴含专项仪器设备购置费、口岸商检设施费
1993	77.66	167.40		92.00	
1994	63.00	333.15		270	
1995	70.00	350.00		280	
1996	87．45	488．44		400．99	
1997	138．16	561．39		423．23	补贴含专项仪器设备购置费
1998	157．93	608．16		450．23	补贴含专项仪器设备购置费
1999	405．53	1332．50		926．97	补贴含专项仪器设备购置费及归还原卫检贷款

二、拉萨动植检局财务收支

1993年开始，国家动植检局对拉萨动植检局经费实行定额包干管理，1998年实行收支两条线管理。由于西藏进出口贸易和进出境动植物及其产品业务量较少，支大于收，一直由国家动植检局给予补贴。

1988～1999年拉萨动植检局财务收支盈亏实况见表5－4－2。

1988～1999年拉萨动植检局财务收支盈亏情况表

表5－4－2　　单位：万元

项目 年份	收入	支出	赢利	差额	备注（每年国家局下拨专款包括基建购车款等）
1988	1.6	14.5		12.9	
1989	3.4	29.1		25.7	34
1990	11.4	33.7		22.3	120.7
1991	11.9	34.4		22.5	123.1
1992	16.5	45.7		29.2	165.6
1993	35.7	65.6		29.9	46.1
1994	52.5	73.3		20.8	7.6
1995	45.8	135.4		89.6	4.7
1996	68.9	118.8		49.9	118.8
1997	96.3	213.1		116.8	158
1998	51.7	217.5		165.8	60
1999	41.1	179.7		138.6	

三、拉萨卫检局财务收支

拉萨卫检局建立初期，实行非独立核算的财务管理形式，即凭单据向自治区防疫站报销。1988年起，开始实行卫生检疫收费，收入全额上缴区防疫站。1992年，由国家卫检总所统一管理后，财务关系与自治区防疫站脱钩，实行独立核算的事业单位财务管理形式和“差额预算、定额拨款、逐年递减、结余留用、超支不补”的财务管理办法。1998年，开始实行“收支两条线”管理，即预算资金收入上交财政专户，支出由上级根据预算指标从专户中拨付。

1992～1999年拉萨卫检局财务收支盈亏实况见表5－4－3。

1992～1999年拉萨卫检局财务收支盈亏情况表

表5－4－3

项目 年份	收入	支出	赢利	差额	备注（国家局下拨专款包括基建款、购车款）
1992	15.1	23.1		8	拨入事业经费10万元
1993	27.9	22.3	5.6		拨入事业经费10.5万元
1994	34.7	35.1		0.4	自治区人民政府拨基建款175万元，国家局拨基建款100万，经费10.2万
1995	36.4	46.6		10.2	拨基建款100万，经费10万元
1996	32.3	59.8		27.5	拨入经费33.6万元
1997	30.6	70		39.4	拨入经费48万元，拨基建款100万元
1998	33.2	46.9		13.7	拨入经费20万元，购车款50万元
1999	1.1	32		30.9	

四、樟木卫检局财务收支状况

樟木卫检局财务管理方式与拉萨卫检局相同，1996年，9.52万元；1997年，10.1万元；1998年，10.24万元；1999年，9.84万元，共计303.82万元。1996～1998年国家卫检局每年差额拨入事业经费10万元。

第二节　固定资产

至1999年8月，西藏商检局有固定资产1225.68万元，其中检验用房屋331.12万元，宿舍270.68万元，其他用房82.68万元；仪器设备96台，97.31万元；车辆21台，443.88万元。拉萨动植检局有固定资产793.48万元，其中仪器设备50.04万元；交通工具6台，216.81万元；房屋建筑5691.37平方米，526.63万元。拉萨卫检局共有固定资产491.20万元，其中仪器设备12.72万元；交通工具5台，125.50万元；房屋建筑2227.82平方米，352.98万元。樟木卫检局共有固定资产219.23万元，其中办公实验楼598.69平方米，车库、伙房201.16平方米，职工宿舍楼669平方米。

第五章　精神文明建设

第一节　法制宣传

西藏商检局自成立以来，在严格执行国家和地方政府的法律、法规、规章的同时，结合西藏商检工作特点和实际，大力宣传商检工作的方针、政策和法规。

1989年8月7日，国家《商检法》正式实施前夕，西藏商检局组成7个宣传小组，深入外贸生产企业和经营单位宣传，讲解商检知识，在拉萨召开了由23个单位参加的拉萨地区《商检法》座谈会，并以自治区人民政府的名义召开学习贯彻《商检法》大会，23个单位的领导和业务人员200人参加了大会。

1992年4月1日，《动植物检疫法》颁布实施，拉萨动植检局召开全局干部职工大会，对学习、宣传、贯彻《动植物检疫法》做了具体部署。全局先后组织4次学习讨论会，并举办了一次《动植物检疫法》知识竞赛。同时在西藏广播、电视、报刊上发表宣传《动植物检疫法》文章40余篇，向社会各界发放藏、汉、英三种文字的《动植物检疫法》3万多份、宣传画1万多份、单行本2700册、问答册120份。

1992年9月11日，拉萨动植检局在拉萨、樟木、吉隆、普兰同一天召开《动植物检疫法》新闻发布会。自治区农牧林委员会、自治区司法厅、法制局、各联检部门、有关外贸企业和新闻单位400多人参加了拉萨的新闻发布会。各县领导、口岸办等相关单位人员参加了口岸新闻发布会。

1992年，西藏商检局被自治区法制宣传领导小组评为“一五普法”先进集体。

1993年6月，中国卫检诞辰120周年，拉萨卫检局在拉萨市宇拓路设点宣传发放宣传材料、播放录像，并在《西藏日报》等新闻媒体上宣传西藏卫生检疫工作。

1994年8月，《商检法》颁布实施五周年，西藏商检局开展执法大检查工作。由自治区纪委、监察厅、自治区人大财贸委、司法厅、外贸厅、口岸办组成联合检查组对拉萨市范围内的8家生产和外贸企业进行抽查，并召开两次大型的座谈会，向各外贸经营公司、出口生产企业发放各种宣传材料1000余次（册）。

1996年，西藏商检局被自治区法制宣传领导小组评为全区“二五普法”先进集体。

第二节　其　他

1991年4月，中华全国总工会授予西藏商检局索朗旺堆全国优秀卫生工作者称号和“五一”劳动奖章。

1992年8月，西藏商检局响应自治区党委、政府号召，派出以副局长扎西多吉为组长的社会主义教育工作组进驻阿里地区普兰县赤德乡开展社教工作。在三个月的社教中，工作组与群众同吃、同住、同劳动，并拨款5万元帮助地方修公路、建学校，受到了当地群众和阿里地委行署赞扬，被评为社教工作先进集体。

1993年12月，毛泽东诞辰100周年，拉萨动植检局组织全系统干部职工举行座谈会和文艺演出，以各种形式表达对毛泽东的怀念和对毛泽东思想的认识。

1994年元月，由西藏商检局、西藏电视台摄制的电视专题片《西藏商检》历经三个多月完成制作。为征求社会各界对该片的意见，特邀自治区党委宣传部副部长群觉、广播电视厅副厅长明玛才仁、李永发、著名作曲家罗念一，以及来自西藏新闻界的记者32人，对《西藏商检》电视片进行座谈。参加座谈会的人员一致认为《西藏商检》作为西藏新闻单位和商检局联合摄制的第一部电视专题片，开创了西藏电视史上的先例，为宣传本行业和西藏经济建设做出了有益的尝试。《西藏商检》电视片集中反映了西藏商检干部、职工在改革洪流中勇于进取的敬业精神，增强了作为一名商检职工的自豪感和责任感，为全社会共同搞好宣传工作做出了榜样。

1994年初，西藏商检局以班子思想作风建设为主题，大兴调查研究之风，狠刹歪风邪气。特别是公开处理一批打麻将赌博的人和事，掀起了讲作风、树正气的高潮。6月，自治区领导班子思想作风建设研讨现场会在西藏商检局召开。

同年，拉萨动植检局党支部被自治区农牧林业委员会评为先进党支部，尼玛被评为优秀党务工作者，徐大师被评为优秀共产党员。

同年，西藏商检局驻成都办事处被国家商检局评为全国商检系统先进集体。

1995年，为配合全国首届商检系统文艺调演，由西藏商检局编排，以职工洛桑卓玛为主要演员的民族服饰表演荣获一等奖。

西藏动植检学会因每年都组织学术交流活动，在西藏新闻媒介积极宣传动植检工作，1993～1995年连续三年荣获自治区科协先进学会称号。

1996年，自治区党委授予樟木卫检局“端正党风先进党支部”称号。

1996年，《国境卫生检疫法》颁布十周年之际，国家卫检总局授予樟木卫检局全国卫生检疫系统“金蛇奖”，以表彰樟木卫检局全体干部职工扎根雪域高原、艰苦奋斗、为保障人民健康、保卫西南边陲大门做出的贡献。

1996年，西藏商检局在机关掀起文明规范行为、做四有职工活动，制订《西藏商检机关大院文明公约》。

1997年，普兰商检局被国家民委、西藏自治区政府评为全国民族团结先进集体。

1997年12月，张同昆被国家动植检局评为1997年度全国植物检疫先进工作者。

至1999年，西藏商检局11人次被上级有关部门评为先进个人、先进工作者、优秀党员、劳动模范等光荣称号。

2000年6～7月，根据全国检验检疫系统的统一安排，讲学习、讲政治、讲正气的“三讲”教育活动在全局展开。西藏检验检疫局成立“三讲”教育领导小组和办公室，制定《西藏检验检疫局处以上干部“三讲”教育实施方案》。全局处以上干部36人通过学习、自我剖析和开展批评与自我批评、回头看等活动，思想得到了提高，凝聚力得到增强。国家检验检疫局派出以副司长周永生为组长的“三讲”教育巡视组到西藏检验检疫局指导“三讲”学习教育。

人　　物

一、简介

李安华　男，汉族，中共党员，1942年12月出生，四川省简阳县人。

1957年高中毕业，同年参加中国人民解放军，为西藏军区机要局战士、机要秘书。1964年转业到地方，先后在西藏自治区党委统战部、组织部工作，历任干部处副处长、处长等职。1980年内调至四川省人事局任干部处处长。1982年任四川进出口商品检验局党组成员、人事处处长。1989年3月至1996年9月任西藏进出口商品检验局党组书记、局长。

程杰　男，汉族，中共党员，1954年2月出生，江苏省盐城建湖县人。

1969年12月至1971年12月为南京军区第一通信总站长途通信站战士，1972年1月至1975年7月任技师（助理工程师）、分队长。1975年8月至1978年10月在上海科学技术大学电子测量专业学习，毕业后任南京军区第一通信站江宁站分队长、副政治指导员、政治指导员、副营长、副站长。1986年7月转业到安徽商检局工作，历任人事处主任科员、副处长，1994年3月任局长助理、党组成员兼人事处处长。1996年7月任西藏商检局副局长、党组副书记，主持工作；1999年8月至2000年8月任西藏出入境检验检疫局局长、党组书记。

林盛梁　男，汉族，中共党员，1957年9月出生，海南省文昌市人。大学本科学历，高级兽医师。

1975年5月在文昌县南阳公社参加党的基本路线教育工作队；1976年11月在文昌县南阳公社猪场任场长；1978年3月入华南农学院牧医系学习；1982年1月毕业后到海口动植物检疫所工作，历任助理兽医师、副科长、科长、兽医师；1989年6月任海口动植物检疫所副所长、党组成员；1992年6月任海口动植物检疫局副局长、党组成员、机关党支部书记（其中1993年12月～1995年1月兼任北海动植物检疫局局长、党支部书记）；1995年9月任海南动植物检疫局局长、党组书记；1999年8月任海南出入境检验检疫局副局长、党组成员；2000年8月任西藏出入境检验检疫局局长、党组书记。

二、表

省、部级劳模、先进工作者名录表

姓　名	单　位	性别	民族	授予时间	授予荣誉单位及称号
龙新平	西藏出入境检验检疫局	男	汉	1989年12月	国家进出口商品检验局授予“全国商检系统先进工作者”称号
龙新平	西藏出入境检验检疫局	男	汉	1991年4月	新疆维吾尔自治区人民政府授予“80年代优秀大学毕业生”称号
龙新平	西藏出入境检验检疫局	男	汉	1993年6月	新疆维吾尔自治区党委授予“优秀共产党员”称号
龙新平	西藏出入境检验检疫局	男	汉	1994年10月	国家进出口商品检验局授予“全国商检系统先进工作者”称号
龙新平	西藏出入境检验检疫局	男	汉	1995年9月	新疆维吾尔自治区人民政府授予“先进工作者”称号
但国义	西藏出入境检验检疫局	男	汉	1999年4月	云南省人民政府授予“先进工作者”称号
赵振栓	西藏出入境检验检疫局	男	汉	1994年	国家进出口商品检验局评为“全国商检系统先进工作者”
拉巴次仁	西藏出入境检验检疫局	男	藏	1994年9月	国家进出口商品检验局授予“全国优秀商检工作者”称号
普布次仁	西藏出入境检验检疫局	男	藏	1989年12月	国家进出口商品检验局评为“全国商检系统先进工作者”
多吉次旺	西藏出入境检验检疫局	男	藏	1990年	西藏自治区党委、政府授予“西藏自治区民族团结先进个人”称号
张同昆	西藏出入境检验检疫局	男	汉	1997年11月	国家动植物检疫局评为“全国口岸植物检疫优秀工作者”
蔡杏崎	西藏出入境检验检疫局	女	汉	1994年	国家进出口检验局评为“全国商品检验系统先进个人”

续表

姓　名	单　位	性别	民族	授予时间	授予荣誉单位及称号
达瓦次仁	西藏出入境检验检疫局	男	藏	1986 年 5 月	自治区党委授予“优秀共产党员”称号
索朗旺堆	西藏出入境检验检疫局	男	藏	1991 年 4 月	授予全国优秀卫生工作者称号和“五一”劳动奖章
多吉次旺	西藏商检局	男	藏	1990 年	西藏自治区党委授予“民族团结先进个人”
曾勇	西藏商检局	男	藏	1996 年 5 月	国家商检局授予“二·五普法先进个人”
车永义	西藏商检局	男	藏	1992 年 5 月	西藏自治区党委自治区政府授予“西藏自治区先进工作者”
普布次仁	西藏商检局	男	藏	1989 年 12 月	国家商检局授予“商检系统先进个人”
蔡杏崎	西藏商检局	女	汉	1994 年 10 月	西藏商检局授予“全国商检系统先进个人”

大　事　记

1976 年

8月20日　自治区革命委员会向自治区编委上报《关于成立我区商品检验机构的请示报告》，请求成立西藏商检局。

1977 年

3月15日　经国家卫检总所批准，中华人民共和国樟木卫生检疫所成立，正科级建制，人员编制15~17人，罗启学任负责人。

7月　经国家外贸部、商检总局和自治区革委会同意，成立自治区外贸局商检科，对外挂牌为中华人民共和国拉萨商品检验局。

1978 年

6月6日　拉萨商检局发出《关于进出口商品开验的通知》，7月1日起，对进出口商品实施法定检验和督促验收。

7月　自治区外贸公司从西班牙进口弹簧扁钢，经检验少1428公斤，索赔回货款842西德马克。

1979 年

3月1日　经自治区外贸局同意，拉萨商检局实行会计独立核算。

3月13日　根据国家外贸部文件精神，自治区革委会商业局下发《关于商品检验鉴定工作实行收费的通知》。

4月25日　经国家商检总局同意，拉萨商检局在甘肃柳园设立商品检验组，对自治区进口的机电设备、金属材料和机动车辆等实施检验与督促验收。

11月10日　中华人民共和国拉萨商品检验局樟木商品检验处成立。

1980 年

5月3日　经国家商检总局批准，中华人民共和国拉萨进出口商品检验局在拉萨成立。5月31日，国家商检局批准梁世鹏为拉萨商检局局长（正县级）。

1981 年

9月27日　自治区从日本国进口的一辆J-60型丰田车存在质量问题，拉萨商检局等公关部门向日方提出索赔，日方赔偿人民币8万多元。

10月　经国家商检总局党组研究决定，拉萨商检局党员继续参加海关、商检党支部，由自治区商业厅党组代管。并同意当年招收职员20名，其中汉族4名，藏族16名，分送上海、天津、青岛商检局培训，时间1～2年。

1982年

5月　经自治区商业厅党组批准，成立海关、商检党支部，书记卓玛（海关）、扎西（海关），副书记梁世鹏（商检）、扎西多吉（商检）。

6月1日　国家商检总局批准拉萨商检局内设工检科、农检科、办公室。樟木商检处（科级建制），视业务量大小，分设检验组，不作为一级机构。

7月　国家商检局任命扎西多吉为拉萨商检局副局长。

1983年

2月　国家商检局任命冯德贵为拉萨商检局副局长，主持工作。

2月　经自治区商业厅党组批准，成立拉萨商检局党支部，书记冯德贵、副书记扎西多杰、委员李大明。

7月11～13日　全区第一次商检工作会议在拉萨召开，传达贯彻全国商检局长会议精神，布置1984年西藏商检工作。

9月　经国家商检局批准，中华人民共和国拉萨进出口商品检验局更名为中华人民共和国西藏进出口商品检验局，县（处）级局。

1984年

1月1日　中华人民共和国西藏进出口商品检验局新印章启用。

3月14～17日　全区第二次商检工作会议在拉萨召开，传达贯彻全国商检局长会议精神，重点学习国务院发布的《中华人民共和国进出口商品检验条例》。

9月8日　国家商检局副局长朱震元到西藏检查指导商检工作。

10月8日　经国家商检局批准，西藏进出口商品检验局由县级升格为副厅（局）级机构。

1985年

10月7日　历时6个月的西藏商检局整党工作结束。

1986年

3月5日　国家商检局任命王文华为西藏商检局局长、党组书记；扎西多吉为西藏商检局副局长，党组成员。

6月26日　根据国家农牧渔业部通知，中华人民共和国拉萨动植物检疫筹备处印章启用。

7月15日　西藏商检局成立检验业务处，负责检验业务工作。

7月22日　自治区农牧林业委员会向自治区人民政府上报《关于组建中华人民共和国西藏动植物检疫机构筹备处的请示》。经自治区农牧林业委员会党组研究决定，从1986年7月30日起，西藏动植物检疫筹备处正式成立，调自治区畜牧队队长、高级兽医师李桐章负责筹备处工作。

7月　拉萨卫生检疫筹备组成立，白玛群觉任负责人。

8月1日　自治区财政厅、中国人民银行西藏自治区分行、中国银行拉萨分行、西藏商检局联合下发《关于违反商检条例有关罚款事项》的规定。

12月　经中共樟木口岸委员会批准，樟木商检处设立党支部。

是年　樟木卫检所办公实验楼竣工。

1987年

2月18日　西藏商检局对自治区旅游总公司进口车辆违反《中华人民共和国进出口商品检验条例》一案进行通报批评，并处罚款。

3月19日　西藏商检局对拉萨饭店进口商品未报商检擅自开箱使用，予以全区通报批评并处罚款。

4月　经国家商检局批准，成立西藏商检局驻格尔木办事处，科级建制。

4月24日　自治区机械修配厂生产的珠峰牌高压锅和高原牌铁锹，经西藏商检局检验符合设计要求，准予出口。

9月　国家动植物检疫总所派广东动植物检疫所莫仁浩科长到拉萨动植物检疫筹备处帮助开展空港旅检业务。

9月12日　拉萨至尼泊尔加德满都首次通航，西藏动植物检疫筹备处和拉萨卫生检疫机构派员参加通航仪式，对进出境旅客及随身携带物进行检疫，并为出入境旅客办理有关卫生检疫手续。

1988年

3月23日　国家农业部批准成立拉萨动植检所，正处级机构，人员编制20人，拉萨动植物检疫所下设普兰、吉隆、樟木、日屋四个所（正科级）。

4月13日　自治区副主席普穷在商检简报上批示：“商检工作搞得不错，特别是商检工作如何适应外贸体制改革，搞好进出口贸易，做好把关服务，为了提高服务质量提出的五个方面措施和进一步端正服务态度的四个要求，我认为是对的，是符合改革开放要求的。希望扎扎实实地搞下去，落到实处。”

6月24日　西藏商检局、自治区物价局联合下发《西藏地区进出口商品检验、鉴定收费办法》。

9月16日　西藏商检局、自治区对外经济贸易厅联合发布《西藏自治区出口羊毛质量监督管理办法》。

11月4日　西藏商检局党组制定《西藏商检局机关工作管理办法》和《西藏商检局处级干部岗位责任制》。

11月　经国家卫检总所批准，拉萨卫生检疫所成立，副处级机构。

12月31日　国家商检局任命李安华为西藏商检局局长，德吉任副局长。

是年　拉萨动植检人员从加德满都进境旅客携带的水果中检出芒果果肉象甲。

1989年

4月10日　经国家动植检总所批准，尼玛、潘祖福任拉萨动植物检疫所副所长。

4月27日　西藏商检局、自治区对外经济贸易厅联合下发《关于贯彻〈出口商品质量许可证管理办法〉的通知》。

4月28日　经国家商检局批准，樟木商检处更名为中华人民共和国樟木进出口商品检验局，机构级别不变。

5月9日　国家商检局党组任命李安华为西藏商检局党组书记。

8月2日　西藏商检局制定下发《指（目）标责任制》等六个管理办法。

8月11日　经拉萨动植物检疫所批准，普兰动植物检疫所正式开展工作。

9月25日　经拉萨动植物检疫所批准，樟木动植物检疫所正式开展工作。

同日　樟木动植检人员从樟木口岸进口大米中查出一类检疫对象谷斑皮蠹。

11月10日　修订后的《西藏商检局机关工作管理办法》颁布实施。

1990年

3月26日　拉萨动植物检疫所在拉萨邮政局国际邮件窗口正式开展国际邮件检疫工作。

7月20日　经拉萨动植物检疫所批准，吉隆动植物检疫所正式开展动植物检疫工作。

8月20日　国家动植物检疫总所党组成员、动检处处长崔砚林到拉萨检查工作。

9月15日至25日　西藏商检局、自治区对外经济贸易厅、自治区监察厅、自治区司法厅、自治区政府法制局联合对各外贸和出口企业贯彻执行《商检法》情况进行大检查。

10月7日　经西南片区实验室考评小组考评，西藏商检局农畜食品、物理实验室获得全国商检系统二级实验室资格。

10月　樟木动植物检疫所在对来自巴基斯坦，经印度、尼泊尔运抵中国樟木口岸的3360公斤蜜枣检疫中发现大量生活害虫，虫蛀率达70%。根据规定，作全批退货处理。

11月17日　经自治区区直机关工委批准，西藏商检局党总支委员会成立。

11月30日　西藏商检局党组制定《西藏商检局处以上干部廉政措施》。

12月5日　贡嘎机场联检协调领导小组成立。

是年　经自治区卫生厅批准，本加任樟木卫检所所长。

1991年

4月，中华全国总工会授予西藏商检局索朗旺堆全国优秀卫生工作者称号和“五一”劳动奖章。

6月5日　中国植物保护学会、植物检疫协会在上海召开首届全国青年植物检疫工作者学术讨论会。拉萨动植物检疫所邹立撰写的《尼泊尔、印度植物检疫疫情初步分析》被评为优秀论文。

9月14~24日　樟木卫生检疫所连续从入境的尼泊尔边民中查出霍乱病9例。

9月20日　国家商检局局长王久安一行4人赴藏检查指导工作，王久安为西藏商检题词“团结进步，实事求是，为西藏的社会主义现代化建设服务”。

11月13日　经国家商检局批准，中华人民共和国西藏进出口商品检验局驻成都工作组成立。

是年　樟木动植检人员从尼泊尔入境旅客携带的菜豆中截获豆象，经南京动植物检疫所鉴定，确认为中国禁止进口植物检疫对象菜豆象。

1992年

1月10日　根据国家卫生部《关于继续完成卫生检疫机构管理体制调整的通知》和《关于卫生检疫机构上划有关问题的通知》，拉萨卫生检疫所、樟木卫生检疫所划归卫生部卫生检疫总所统一管理。

2月18日　自治区农牧林业委员会在拉萨举行《中华人民共和国进出境动植物检疫法》新闻发布会，自治区副主席龚达希、政协副主席拉敏·索朗伦珠及新闻界记者和有关单位负责人近150人出席会议。

2月29日　自治区主席江村罗布为西藏商检题词“弘扬商检事业，为振兴西藏经济做贡献”。

3月24日　自治区党委副书记、自治区常务副主席毛如柏视察西藏商检局。

4月22日　经国家商检局批准，西藏商检局驻成都工作组更名为中华人民共和国西藏商检局驻成都办事处。

4月23日　根据国家动植物检疫总所《关于各口岸动植物检疫所更名的通知》，拉萨动植物检疫所更名为拉萨动植物检疫局。

4月　根据国家卫检总所统一规定，拉萨卫生检疫所加挂中华人民共和国拉萨进口食品卫生监督检验所牌子。自此，拉萨卫生检疫所开始履行对进口食品卫生监督职能，并首次举办进口食品报验员学习班。

5月　经国家卫检总局批准，樟木卫生检疫所更名为樟木卫生检疫局，正处级机构。拉萨卫生检疫所更名为拉萨卫生检疫局，机构级别不变。

6月　经国家卫检总局批准，樟木卫生检疫局加挂中华人民共和国樟木进口食品卫生监督检验所牌子，承担樟木口岸进口食品卫生监督检验及对外出证工作。

12月9日　经国家商检局批准，中国进出口商品检验总公司西藏分公司成立，处级建制。

是年　经国家卫检总局批准，拉萨卫生检疫局和樟木卫生检疫局划归上海卫检局管理。

1993年

4月7日　经国家商检局批准，西藏商检局机关档案室为全国商检系统档案管理达标升级二级单位。

5月　经国家卫检总局批准，索朗旺堆任拉萨卫生检疫局副局长，主持工作。

7月2日　拉萨动植物检疫局驻邮局检疫人员从寄往香港的邮寄物中查出从西藏波密县采集的33只蝴蝶标本。

7月3日　拉萨动植物检疫局从加德满都至拉萨的进境航班旅客携带物中查出一袋有虫眼的尼泊尔芒果，经实验室检验，发现有国家规定的危险性害虫橘小寡鬃实蝇幼虫10条。

7月9日　一名到拉萨做工的尼泊尔男子入境后，按规定时限到拉萨卫生检疫局接受检查，经检验HIV抗体呈阳性，经上海卫生检疫局艾滋病实验室确认，为西藏自治区发现的首例艾滋病病毒感染者。

7月27日　经国家商检局批准，西藏商检局升格为正厅级。

10月15日　经国家商检局批准，中华人民共和国西藏进出口商品检验局贡嘎机场办事处成立，处级建制。

11月15日　拉萨动植物检疫局潘祖福主持的《西藏主要口岸进出境动物和部分地区牦牛传染病的研究》和崔广程、邹立二主持的《西藏主要口岸进出境植物及植物产品病虫害的调查研究》在自治区科委举行的全区第五次科技进步颁奖大会上分别获得二、三等奖。

12月22日　拉萨动植物检疫局从尼泊尔进境的冬瓜中查出国家规定的植物二类危险性害虫南亚寡鬃实蝇。

1994年

1月8日　由西藏商检局、西藏电视台联合摄制，国家商检局局长王久安题写片名的电视专题片《西藏商检》在拉萨召开看片座谈会。

1月31日　西藏商检局制定《科技工作暂行管理办法》。

3月27日　日本丰田汽车厂拉萨维修厂汽车安全检测线被西藏商检局认可为西藏商检局汽车检测实验室，并颁发证书。

6月2日　自治区领导班子思想作风建设理论研究现场会在西藏商检局举行。

6月8日　《商检法》颁布五周年之际，全区《商检法》执行情况大检查活动全面开展。

8月25日，经国家卫检总局批准，应樟木卫检局邀请，尼泊尔王国巴尔比斯县卫生局局长娜比古尔玛·兰吉、副局长娜达任斯·阿玛尔、达都巴内镇医院院长嘎玛斯·思斯扎、镇长巴杜尔·夏尔巴等一行六人到樟木访问，双方就口岸卫生检疫工作达成初步意见。

9月1日　西藏出口商品生产企业质量体系评审员资格评定委员会成立。

11月29日　经国家商检局批准，中华人民共和国普兰进出口商品检验局成立，处级建制。

1995年

1月30日　西藏商检局、自治区工商局联合制定下发《西藏自治区关于对流通领域进出口商品加强检验、监督管理办法》。

2月11日　国家商检局党组任命李安华为西藏商检局局长，罗家纯任副局长、普次仁任纪检组组长（副厅级）。

3月　经国家动植物检疫局党组批准，昆明动植物检疫局徐自忠任拉萨动植物检疫局副局长。

4月20日《西藏自治区外商投资财产价值鉴定暂行办法》经自治区人民政府第九次常务会议通过，并发布施行。

6月29日　樟木商检局农、畜食品实验室经西南片区商检实验室定级评审组考核，批准为全国商检系统二级实验室。

7月27日　西藏商检局制定下发《加强出口商品产地检验、监督管理的规定》、《西藏商检局陆路直运进出口商品检验管理办法》。

9月11日　西藏商检局、自治区外经贸厅联合制定下发《西藏自治区进出口商品监督管理办法》。

10月21日　经自治区区直机关工委批准，中共西藏进出口商品检验局机关委员会成立。

10月　拉萨动植物检疫局尼玛参拉撰写的《拉萨贡嘎机场进境旅客携带物的检疫浅析》在第二届全国青年植物检疫工作者学术研讨会上被评为优秀论文。

11月10日　西藏商检局、自治区财政厅、自治区工商局联合下发《关于加强西藏自治区外商投资财产鉴定工作的通知》。

12月3日　西藏商检局制定“九五”计划和2010年远景目标。

12月5日　西藏商检局制定《关于开展进出口食品标签登记检验工作的办法》。

12月19日　西藏商检局、自治区公安厅联合制定《关于加强西藏地区进口机动车辆检验的管理办法》，并于1996年1月1日起执行。

是年　根据国家卫生检疫总局通知，樟木卫生检疫局、拉萨卫生检疫局由上海卫生检疫局转为南宁卫生检疫局管理。

1996年

1月6日　由中共西藏商检局机关委员会编写的《中国共产党西藏进出口商品检验局组织史》出版。

3月11～13日　全区商检局长会议在拉萨召开，会议审议通过《西藏商检局贯彻全国商检局长会议精神的意见》。

3月27日　西藏商检局下发《西藏商检局科技奖惩实施细则》（试行）。

7月24日　西藏商检局加入中国公用数据分组交换网，并实现连接国家局、各直属局的电子数据通讯业务，电子信箱开始启用。

10月8日　经国家商检局党组批准，程杰任西藏商检局副局长、党组副书记，主持全局工作；支毅隆任西藏商检局副局长、党组成员；李安华调四川局工作。

10月30日　自治区副主席、秘书长多吉检查指导西藏商检工作。

12月12日　西藏商检局科技委员会成立。

是年　樟木卫生检疫局被国家卫生检疫总局授予“全国卫生检疫系统金蛇奖”。

1997年

1月7日　西藏商检局制定《西藏商检局工作人员轮岗交流暂行规定》、《西藏商检局财务管理体制试行办法》、《西藏商检局关于职工实行疗养、休假制度的规定》。

2月5日　国家商检局党组批复西藏商检局职能配置、内设机构和人员编制方案。商检局机关内设办公室、检验监管处、检务鉴定处、科技处、人事教育处、行政财务处、机关党委办公室（同时挂政工处牌子）、监察审计室，下设樟木商检局、普兰商检局、拉萨机场办事处、驻格尔木办事处、驻成都办事处。

2月12日　西藏商检局《关于干部到内地局挂职锻炼、岗位培训及选派部分专业技术干部援藏事宜的请示》得到国家商检局人事教育处批准。自此，每年选派一般干部或副处以上干部分别到上海、广东、青岛进行挂职锻炼、岗位培训，同时三个内地局分别选派专业技术干部到西藏局帮助工作。

2月13日　西藏商检局制定的《出口西藏棉羊毛检验规程》经国家商检局审定，作为中华人民共和国进出口商品检验行业推荐标准发布。

4月24日　西藏商检局向四川省技术监督局发函，撤销西藏进出口商品检验局成都检测中心。

4月　拉萨卫生检疫局办公大楼、宿舍楼及附属工程竣工。

5月14日　西藏商检局制定《商检证单管理办法》。

14日　西藏商检局下发《关于检验、鉴定计收费有关问题处理的规定》，决定收费的依据统一按国家计委、财政部国家计价标准执行。并取消原自治区物价局规定的加急费、签证工本费。

5月21日　西藏商检局下发《关于要求对经樟木口岸出口商品签发换证凭单的通知》。

6月10日　藏文版《出口手工结扣西藏地毯检验规程》由西藏商检局翻译完成。

6月18日　经国家商检局同意，自治区新闻出版局批准，成立《中国商检报》西藏记者站。

8月25日　西藏商检局制定的《进出口藏香检验规程》经国家出入境检验检疫局审定，作为中华人民共和国进出口商品检验行业推荐标准。

11月20日　西藏商检局制定《关于贯彻执行中组部〈组织人事行为若干规范〉的实施办法》。

12月15日　经国家卫检局批准，拉萨卫生检疫局下设国际旅行保健协会。

是年　根据国家卫生检疫总局通知，樟木卫生检疫局、拉萨卫生局划归成都卫检局管理。

是年　经国家卫检总局批准，达瓦次仁任樟木卫生检疫局局长。

1998年

3月9日　根据国家商检局精神，西藏商检局开始执行国家计委、财政部第一批有关降低22项收费标准。

4月29日　西藏商检局党组召集专题会议，学习国家检验检疫局党组关于在机构改革中保持正常工作秩序，加强人事、财物管理，加强公文、单证、印章管理，厉行节约、反对奢侈浪费等规定。

5月25日　国家出入境检验检疫局党组《关于各地商检、动植检、卫检局设立临时协调小组的通知》确定，程杰（西藏商检局副局长）任西藏协调小组组长，成员尼玛（拉萨动植物检疫局副局长）、索朗旺堆（拉萨卫生检疫局副局长），协调小组负责统一协调、研究、布置“三检”，各单位贯彻国家出入境检验检疫局的指示、决定，保证“三检合一”机构改革的顺利实施。

8月　国家动植检局投资230多万元新建的樟木动植检局住宿、办公楼竣工启用。

1999年

1月24日　根据国家检验检疫局的统一安排，西藏“三检”财务工作小组成立。“三检”财务工作小组负责安排、调度和运用“三检”资金，防止重复建设。

5月“三检合一”协调领导小组成立，尼玛、索朗旺堆任领导小组成员。

7月5～15日　按照国家外经贸部文件要求，拉萨动植物检疫局完成了中国政府向尼泊尔王国德赛节赠送2000只活公山羊检验检疫任务。

8月1日　西藏“三检”协调小组在拉萨举行《商检法》、《动植物检疫法》、《国境卫生检疫法》、《食品卫生法》宣传贯彻会。

8月10日　根据国务院办公厅《关于印发全国各地出入境检验检疫机构组建方案的通知》，经国家检验检疫局批准，西藏出入境检验检疫局成立，程杰任局长、党组书记，龙新平、但国义任副局长、党组成员，赵振栓任纪检组长、党组成员，普次仁任助理巡视员。

9月3日　西藏出入境检验检疫局将职能配置、机构设置和人员编制方案上报国家检验检疫局。10月6日，国务院有关部门设在西藏的出入境卫生和食品监督检验、动植物检疫和进出口商品检验机构合并组建中华人民共和国西藏出入境检验检疫局，为国家出入境检验检疫局的直属机构，实行由国家出入境检验检疫局直接领导的垂直管理体制。内设办公室、综合业务处、卫生与食品检验监督处、动植物检验检疫处、检验鉴定处、检务处、人事处、财务处、机关党委办公室、监察审计室，事业单位有检验检疫技术中心、西藏国际旅行卫生保健中心、机关服务中心。分支机构有樟木出入境检验检疫局、普兰出入境检验检疫局、贡嘎机场办事处、成都接待处，均为正处级建制。

10月18日　西藏出入境检验检疫局举行挂牌仪式，自治区党委副书记李立国、自治区常务副主席徐明阳、副主席孙岐文，自治区人大、政协、自治区党委组织部、宣传部等领导出席挂牌仪式。

11月2日　西藏出入境检验检疫局制定的《西藏检验检疫局在机构改革期间分级组织的工作职责》、《西藏检验检疫局人员定岗和分流实施办法》、《处室领导和人员配置的基本原则》印发实施。

2000年

2月1日　西藏出入境检验检疫局副局长龙新平在拉萨喜马拉雅饭店与尼泊尔

王国驻拉萨总领事馆总领事桑克热·泊尔沙德·邦德举行工作会见，双方就中国西藏自治区与尼泊尔边境口岸出入境检验检疫工作加强合作和联系形成了共识。

4 月 12 日　按照国家检验检疫局关于支持西部大开发的指示精神和西藏出入境检验检疫局急需检验检疫设备的请求，国家检验检疫局发出《关于援助西藏出入境检验检疫局检验检疫设备的通知》，要求各直属检验检疫局向西藏检验检疫局调剂设备。

4 月 30 日　西藏出入境检验检疫局制定《西藏出入境检验检疫局中心学习组学习制度》。

6 月 13 日　西藏检验检疫局开始进行“三讲”教育活动，局“三讲”领导小组制定《西藏出入境检验检疫局处以上干部“三讲”教育实施方案》。

6 月 25 日　国家检验检疫局派出以周永生为组长的“三讲”教育巡视组到西藏出入境检验检疫局指导“三讲”学习教育，自治区常务副主席徐明阳会见巡视组一行。

7 月 18 日　国家检验检疫局局长、海关总署副署长李长江率工作组到拉萨检查指导西藏检验检疫局工作。李长江在藏期间，与自治区党委常务副书记郭金龙、自治区主席列确、常务副主席徐明阳、副主席尼玛次仁及有关部门领导就检验检疫部门支持西部大开发问题进行了座谈。

7 月 23 日　西藏出入境检验检疫局向国家检验检疫局动植物监管司请示，要求授予西藏进境水果检疫审批权，国家动植检司同意了西藏检验检疫局的请示。

7 月 28 日　西藏出入境检验检疫局“三讲”教育结束，经过思想发动、学习提高、自我剖析、听取意见、交流思想、开展批评、提出整改等活动，共形成了 11 项整改措施。

8 月 29 日　经国家检验检疫局批准，林盛梁任西藏出入境检验检疫局局长、党组书记，程杰调安徽局工作。

9 月 10 日　国家检验检疫局宋明昌副局长到西藏检查指导工作。

9 月 21 日　中共西藏出入境检验检疫局党组制定《关于进一步加强调查研究，转变工作作风的几项规定》。

9 月 23 日　西藏出入境检验检疫局“三讲”回头看活动开始，召开专题民主生活会，局长林盛梁提出具体要求，“三讲”教育中形成的整改措施大部分得到了落实。

附　　录

一、西藏自治区外商投资财产价值鉴定暂行办法

第一条　为了保证我区引进外资工作的顺利进行，维护中外投资者的合法权益，依照有关法律、法规，结合我区实际，制定本办法。

第二条　国外公司、企业和其他经济组织或者个人在西藏自治区兴办（包括在我区注册登记在外省市兴办）的中外合资经营企业、中外合作经营企业和外商独资企业（以下简称外商投资企业），以采取各种补偿贸易方式，以机器设备等实物投资的财产，均须依照本办法申请检验和价值鉴定。

外商投资企业的中方或外方合资、合作者，均可作为申请检验和价值鉴定的申请人。

第三条　中华人民共和国西藏进出口商品检验局及其分支机构（以下简称西藏商检局），负责西藏自治区外商投资企业的投资财产检验、价值鉴定的管理工作。

第四条　申请对进口设备及物资进行检验和价值鉴定时，申请人必须向西藏商检局提供与进口设备及物资价格有关的情况报告、单据、清单、账册及购货合同等资料，并且提供必要的工作条件。

第五条　外商投资企业的外方投资者从国（境）外购进设备及物资，应在协议、合同中定明设备及物资的各种技术指标和检验标准，包括型号、质量、数量、规格、商标、新旧程度、国别、制造日期、生产厂家等。

第六条　西藏商检局鉴定人员应遵循公正、公平、合理和独立鉴定的原则进行鉴定，并及时签发鉴定证书。

西藏商检局的鉴定证书是会计师事务所对外商投资财产验资和司法、仲裁等有关部门裁判或评估的依据。

中方合资、合作者，凭西藏商检局的鉴定证书所注明的财产价值到西藏自治区国有资产管理局备案。

第七条　各级经贸、财政、工商、税务、保险等管理部门应依照各自的职责与商检部门密切配合，协助做好外商投资财产价值鉴定工作。

第八条　申请人应按本办法的规定，及时、如实地申报有形资产。隐瞒进口物资价值的真实情况或有关资料，逃避商检或骗取价值鉴定证书的，商检机构可按

《商检法》及其《实施条例》的有关规定予以处罚。

第九条 西藏商检局对申请人提供的有关资料、情况负责保密，但法律、法规另有规定的除外。

第十条 西藏商检局的人员滥用职权徇私舞弊、弄虚作假或玩忽职守，按照《商检法》的有关规定处理。

第十一条 西藏商检局办理外商投资财产鉴定工作按国家有关规定收取鉴定费。

第十二条 港、澳、台、侨商来我区投资，涉及有形资产鉴定的，亦适用本办法。

第十三条 本办法实施中的具体问题由西藏商检局负责解释。

第十四条 本办法自发布之日起施行。

二、西藏自治区进口成套设备检验、监督管理办法

第一章　总　则

第一条　为了加强西藏地区进口成套设备的检验、监督管理工作，确保设备的质量和安全，维护国家利益和对外贸易有关各方的合法权益，根据《中华人民共和国进出口商品检验法》，特制定本办法。

第二条　本办法所指的进口成套设备系指完整的生产线（含生产设备和使用设备）、成套装置设施（含工程项目和技术改造项目中的成套装置设施和与国产设备配套组成的成套设备中的进口关键单机设备）、技术复杂的精密仪器设备。

第三条　本办法适用于西藏自治区外贸经营部门，包括利用外资和各种贸易方式从国外进口和国外援助的机器设备。

第四条　中华人民共和国西藏进出口商品检验局及其分支机构（以下简称西藏商检局），主管西藏地区进口成套设备检验和监督管理工作。检验和监督内容：以对外贸易合同签订生效到品质保证期结束止，负责到货后监视卸载、开箱检验、安装调试、试运转检验、试生产考核以及在质量保证期内因材质等质量问题的检验工作。

第五条　进口成套设备的质量及技术条件由买卖双方在合同中约定，有关设备的安全、卫生及在运行过程中对环境的污染必须符合我国有关法律、法规及强制性标准的规定。

鉴于西藏特殊的地理环境和气候条件，一切进口成套设备对外签约前凡涉及技术条件谈判，西藏商检局必须参与。这些技术条件是：1. 买卖合同中有关质量、包装、检验、索赔、质量保证和仲裁的条款；2. 涉及安全、卫生的关键设备，必须在合同条款中定明由卖方提供检验标准的有关技术资料和预留索赔保证金等条件；3. 大型成套设备和国内不具备检验条件、到货后不能进行解体检验的一般成套设备，应当在买卖合同中定明设备在出口国装运前预检验、监造或者监装，必须保留设备到最终目的地检验、索赔的条款。

第六条 定货部门须在正式签订合同后三十日内将副本送西藏商检局备案。

第七条 进口成套设备运抵目的地，由西藏商检局实施检验或者组织实施检验。对进口大型成套设备实施驻现场监督检验，收用货单位（包括建设单位）应为西藏商检局及派出人员实施检验和监管提供必要的条件及辅助劳力。

第二章 报验和检验工作

第八条 收用货单位在合同正式签订后，要积极准备检验场地以及配套的厂房设施，为货物的检验安装、调试创造条件。设备到达前，要落实安装、调试、操作人员，做好设备检验的各项准备工作。

第九条 到货后，收用货单位或其代理部门必须向口岸或到达站的商检机构办理进口商品登记，海关凭商检机构在报关单上加盖的印章验放。

第十条 收用货部门或其代理部门要切实做好接运工作，查清到货批次、核对标记名称、清点数量、检查包装外观，并做好残损记录。

第十一条 设备到达西藏进口货物海关监管地格尔木、湟源、成都后须通知西藏商检局，参与进口设备的监卸、监装工作。

第十二条 设备运抵安装使用地点，收用货单位必须做好卸货各阶段工作记录，在商检规定的期限（五日）内持到货通知书、合同、发票、装箱单、提（运）单及有关技术资料向西藏商检局申报开箱检验。未报经检验的不允许擅自开箱。

第十三条 设备必须在合同约定的期限内经商检机构检验，检验的内容包括：设备外观、质量、数量、重量、规格、包装等。

第十四条 未经检验的设备不准安装使用。对合格商品签发《进口商品检验情况通知单》；检验不合格的签发“不准安装使用通知书”；经技术处理并经商检机构重新检验合格的，方可使用；对残损部分由商检机构对外签发检验证书。

第三章 安装调试及验收工作

第十五条 设备安装调试在质保期内，依照合同的约定抓紧进行。西藏商检局根据需要参与设备的安装调试。成套设备的试运行和试生产的考核按照买卖合同约定进行；商检机构实施监督检查，并签发合格单证后，收用货单位方能投产使用。收用货单位应将质保期内对设备存在的问题及时报送西藏商检局。

第十六条 对设备的使用、维修以及设备在调、试运转阶段因材质、生产工艺等因素而造成的设备质量问题，应在合同规定的期限内申请西藏商检局检验出证。

第十七条 设备买卖双方的最终交接验收，必须在开箱检验、安装、调试、各项经济技术指标达到要求后，方可进行。

第四章 附　则

第十八条 本办法未尽事宜，按照《中华人民共和国进出口商品检验法》及有关法规办理。

第十九条　本办法由中华人民共和国西藏进出口商品检验局负责解释。

第二十条　本办法自发布之日起施行。

三、西藏自治区实施《中华人民共和国进出口商品检验条例》的办法

第一章 总 则

第一条 为了加强全区的进出口商品检验工作，维护对外经济贸易有关各方的合法权益和国家信誉，促进西藏对外贸易的发展，为经济建设服务，根据西藏的实际，特制定本办法。

第二条 中华人民共和国西藏进出口商品检验局及其分支机构（以下统称商检机构），是统一监督管理西藏自治区进出口商品检验的主管机关。

第二章 进口商品检验

第三条 一切进口商品在规定的范围内，都必须在规定的期限内进行检验，未经检验的，不准安装投产，不准销售，不准使用。

第四条 申请进口商品的单位和订货部门应在合同中定明进口商品的质量、数量（重量）、包装、技术标准、检验标准（凭样成交的订好成交小样），以及对外索赔条款。

第五条 列入《种类表》和对外贸易合同规定自商检局检验出证的进口商品到货后，收、用货部门应及时持合同、发票、装箱单、提（运）单，以及进口到货通知单等有关单证，向商检机构申请报验。

第六条 未列入《种类表》的进口商品到货后，收、用货部门应及时向商检机构申报，按下列规定进行检验：

1. 经西藏商检局认可，收、用货部门具备检验条件的，可以自行检验。经检验不合格，需向外索赔时，应在索赔终止前二十天向商检机构提出检验报告，由商检机构复验，出证索赔。

2. 收、用货部门不具备检验条件的，由商检机构检验，或由商检机构组织有关部门进行检验。

第七条 为做好检验前的各项准备工作，各外贸进出口公司及经营单位应及时

将合同副本寄交西藏商检局或分支机构一份。

第八条　已对外出证索赔的商品，如外商要求来人看货，洽谈索赔事宜的，有关单位应及时通知西藏商检局，以便做好准备工作。

第三章　出口商品检验

第九条　一切出口商品在规定的范围内，必须经过检验，未经检验和检验不合格的，不准出口。

第十条　列入《种类表》和对外贸易合同规定由商检机构检验出证的商品，生产或经营部门必须提前持合同、信用证或其他有关证件（或凭合同和合同规定的样品），向商检机构报验。经检验合格后，签发检验证书或放行单。

第十一条　未列入《种类表》的出口商品，凡生产、经营部门具备检验条件的，经商检机构认定，由生产、经营部门自行检验。生产、经营部门不能检验的，由商检机构或组织有关部门检验。

第十二条　对《种类表》内或合同规定由商检机构检验的出口商品，海关放行货物时，凭商检机构的检验证书或放行单验放，或凭商检机构在出口货物报关单上加盖的印章验放。

第十三条　凡经商检局签发检验证书的出口商品，如发生国外提出质量索赔时，任何单位和个人无权擅自理赔，必须经商检机构复查后，再作处理。

第四章　公正鉴定

第十四条　对外贸易公证鉴定工作统一由西藏商检机构或西藏商检公司办理。

第十五条　在西藏境内不允许设立外国检验机构，也不允许外国检验机构的人员执行检验和签证任务。

第五章　监督管理

第十六条　西藏商检局对西藏地区一切进出口商品实施监督检查。

第十七条　对进口收、用货部门的验收工作和生产出口的厂矿企业的残品质量，检验机构、制度及检验工作，进行监督检查。

第十八条　对各外贸易进出口公司和经营部门签订的对外贸易合同中有进出口商品的质量、检验、索赔条款进行指导监督。当发现上述条款、内容不当时，应提请有关部门修订或更改。

第十九条　外贸经营、订货部门应及时向商检机构提供收购、出口、进口计划。

第二十条　对外运输部门凭商检机构签发的检验证书，或有商检放行之章的证件，办理出口承运，否则不予办理。

第六章　惩　　处

第二十一条　凡违反《商检条例》及其实施细则和本规定的，视情节轻重，由商检机构处以罚款，或由主管部门给予行政处分。触犯刑律的，提请司法机关依法惩处。

第七章　附　　则

第二十二条　凡执行进出口商品任务的工作人员，必须模范遵守国家法律、法令，正确执行商检方针、政策，严格按合同标准进行检验、鉴定，做到检验结果准确，评语切合实际，货证相符。国家保证商检人员行使上述职权的权利，任何人不得干扰、阻挠和打击报复。

第二十三条　商检人员在现场执行检验监督任务时，有关单位、部门应提供工作条件。

第二十四条　凡经商检机构检验和监督管理进出口商品的有关部门，要按规定缴纳检验费和监督管理费。

第二十五条　对外贸易有关各方以及进口商品的收、用货部门和出口商品的生产部门、供货部门、经营部门，应尊重商检机构的检验结果和鉴定结论，如有异议，可向自治区人民政府或国家商检局提出申诉，由西藏商检机构的上一级组织做出处理决定。

第二十六条　西藏商检机构必须认真贯彻执行《商检条例》及其实施细则的规定，切实做好西藏进出口商品的检验和全面监督管理工作，对有关进出口商品质量方面的情况和问题，及时向自治区人民政府和有关部门报告和反映。

第二十七条　本办法中未规定的有关事项，按国务院颁发的《商检条例》及其实施细则执行。

第二十八条　本办法自西藏自治区人民政府批准之日起执行。

索　　引

索 引

H

J

K

L

M

N

P

CONTENTS

Part 1 Commodity Inspection

Part 2 Quarantine of Animals and Plants

Part 3 Hygiene Quarantine

Part 4 Communication of Science and Technology and Exchange

Part 5 Supervision and Management

后　记

遵照自治区党委、自治区人民政府关于编撰《西藏自治区志》的指示和自治区地方志委员会的要求，1998 年 11 月 3 日，西藏商检局召开党组会议专题研究修志工作，决定成立《西藏自治区志·商检志》编委会和修志办公室，程杰任编委会主任，支毅隆任编委会副主任兼主编，何体森、马军任副主编，彭雪远、刘华金、刘青固为编辑。1998 年 11 月 11 日，修志办制定《商检志》篇目设计方案，经修改后上报自治区地方志编委会，批复同意。1998 年 12 月 28 日，修志办制定篇目分工及完成时间表。

1999 年 5 月 12 日，西藏商检局党组再次召开修志工作会议，对修志人员进行调整，马军任《商检志》副主编，侯长立、王顺芝、傅金波、闫俊任编辑。5 月 18 日，修志办又制定了篇目分工及完成时间表，并确定《商检志》上限为西藏商检机构成立，下限断至 1997 年 12 月 31 日。根据篇目设计和分工要求，撰稿人开始收集、查找资料，逐步开始撰写。至 1999 年 8 月，大部分人员完成了初稿。1999 年 8 月，“三检”合一组建西藏检验检疫局，这一时期，修志工作暂停，原修志人员除马军外，均到新的处（室）上班。

2001 年 7 月 9 日，西藏出入境检验检疫局决定恢复修志工作，并调整李文全、德吉到修志办工作，同时请示自治区地方志编委会将《商检志》更名为《检验检疫志》。10 月 23 日，自治区地方志编委会批复同意将《西藏自治区志·商检志》更名为《西藏自治区志·检验检疫志》。11 月 5 日，经多方修改后的《检验检疫志》篇目设计经自治区方志办同意。《检验检疫志》以检验检疫专业为特点，上限自“三检”机构成立，下限至 2000 年 12 月 31 日，分 7 篇 19 章 64 节。

2002 年 4 月 22 日，西藏出入境检验检疫局决定成立《西藏自治区志·检验检疫志》编纂委员会，主任林盛梁，编委龙新平、但国义、何体森、丹增卓玛、刘青固、敖必强。主编但国义，副主编敖必强，编辑李文全、德吉。2002 年 8 月，因西藏出入境检验检疫局领导班子调整，编纂委员会又做了调整。主任周建安，编委成员增加吕忠武。在志稿的撰写过程中，邀请自治区地方志办公室曹彪林到检验检疫局指导工作，并讲授关于如何搞好资料收集、撰写等问题。在自治区地方志办公室的指导下，编撰人员查找资料，开会研究。共查阅局档案 2000 卷，参阅了资料室库存的文史、年鉴及其他图书，搜集近 100 万字的历史资料。2002 年 7 月完成初稿后，分别在成都、拉萨召开老干部审稿座谈会和各处室会议征求意见和初审，共收集意见20余条，修改后形成初审稿报自治区地方志办公室审查，《检验检疫志》办公室按照修改意见和建议，重新修改志稿后形成复审稿。2003年11月26日，自治区地方志办公室组织有关单位领导、专家对复审稿进行评审。之后，编辑部在编纂委员会领导下，按照复审会上形成的评审意见，重新调整体例，补充内容，凝练语言文字，于2004年12月底形成终审稿，提交《检验检疫志》编纂委员会审查，审查后报自治区地方志编纂委员会终审。2005年1月7日，《西藏自治区志·检验检疫志》终审领导小组主持召开《检验检疫志》终审会，自治区副主席郝鹏发表书面讲话，自治区党委副秘书长罗广武、自治区人民政府副秘书长孟扬、西藏出入境检验检疫局、自治区商务厅、自治区卫生厅、拉萨海关、自治区口岸办、自治区动植物检疫总站、武警西藏边防总队、自治区地方志办公室的领导、专家学者及《检验检疫志》编委会和编辑室人员近20人参加会议，与会人员对《检验检疫志》终审稿进行了评审，认为《检验检疫志》指导思想正确，框架结构合理，内容丰富，行业特点、地方特色、时代特征突出，较客观真实地记录了西藏商检、动植检、卫检的发展历程和现状。之后，检验检疫办公室与自治区地方志办公室先后对志稿进行了修改、总编，于2006年4月交印。共5篇，16章，20多万字。

本志编写人员在资料紧缺、任务重的情况下，克服各种困难，团结协作，孜孜不倦，伏案编纂，最终形成了20多万字、48幅图片的志稿。凡例、概述由敖必强撰写。第一篇第一章第一节由王顺芝、敖必强撰写，第二节、第三节由王顺芝撰写；第二章第一节由王顺芝撰写，第二节第三节由傅金波撰写，第四节第五节由王顺芝撰写，第六节第七节由傅金波、敖必强撰写；第三章由王顺芝撰写。第二篇第一章由戴建西、李文全撰写；第二章由张同昆、李文全、次仁卓嘎撰写；第三章由张同昆、李文全、赵光辉撰写。第三篇第一章第一节由木月洋、德吉撰写，第二节由德吉撰写；第二章第一节由陈春生撰写，第二节由德吉撰写；第三章由陈春生撰写。第四篇第一章由王顺芝、李文全、拥巴、敖必强撰写；第二章由敖必强、李文全、德吉撰写。第五篇第一章由侯长立、敖必强、李文全、德吉、江志宏、李辉撰写；第二章由敖必强、李文全、德吉撰写；第三章第一节由傅金波、敖必强撰写，第二节由张同昆、李文全撰写，第三节由木月洋、德吉撰写，第四节由贺文利、敖必强撰写；第四章第五章由敖必强、李文全、德吉撰写。人物、附录由马军、敖必强撰写。编后记由敖必强、李文全、德吉撰写。大事记由马军、敖必强、李文全、德吉撰写。马军、敖必强负责收集图片及拍照，敖必强负责图片文字说明及编辑。全书由敖必强负责修改、统稿。何体森负责修改、审核，周建安、何体森负责审定。

本志是集体力量和智慧的结晶。在志稿的编写过程中，始终得到西藏商检局、出入境检验检疫局党组、局领导和自治区地方志办公室的重视和关心，得到局各处室和口岸检验检疫局及有关人员的配合支持。在此，我们谨向关心、支持本志书编纂工作的单位和个人表示诚挚的谢意！

在编纂过程中，参阅、引用了一些书刊及有关资料，在此不一一列出，谨向原作者一并致谢。

编纂《检验检疫志》是一项全新的开创性的工作，实属不易。因涉及面广、上下限时间长，要求又高，编纂人员虽然做了很大努力，精心编写，认真考证，先后数易其稿，但因经验不足，加之编写水平、资料不全的局限，本志的疏漏和不当之处在所难免，恳请广大读者和同仁批评指正。

《检验检疫志》办公室

2006 年 4 月

总后记

编史修志是中华民族的优良传统。社会主义新方志编纂工作是一项系统而浩繁的重大文化建设工程。20世纪80年代,全国社会主义新方志编纂工作全面展开之时,自治区曾酝酿过,但未能付诸实施,仅有文物、电力、科技、戏曲等少数行业和部门应国家相关部委和行业要求,编纂了行业志或部门志。当历史车轮驶入20世纪90年代末21世纪初时,编纂西藏社会主义新方志工作方才全面展开。这既是对内地修志经验的一次学习和借鉴,同时也是自身的一种探索和提高。编纂西藏社会主义新方志是西藏政治、文化生活中的一件大事,必将载入西藏史册。

20世纪90年代后期,根据中央领导"西藏也要修志"的指示和国务院办公厅《关于进一步加强地方志编纂工作的通知》精神,自治区党委、政府及时进行研究,决定在全区全面开展修志工作,并责成区党委党史研究室负责。1996年上半年,区党委党史研究室组织区内外部分史志、编辑界专家学者起草了《〈西藏自治区志〉编纂大纲》初稿。6月,成立以自治区党、政、军领导为主任、副主任,各有关单位、部门负责人为成员的西藏自治区地方志编纂委员会(自治区地方志工作委员会),同时成立自治区地方志办公室,与区党委党史研究室合署办公,下设地方志处(部)负责具体业务。各地(市)、县、区志承编部门相继成立了地方志编委会(或领导小组)及地方志办公室(或编辑室),建立了"党委领导、政府主持、专家修志"的体制。自治区地方志编委会成立后,先后四次召开地方志编委会主任会议,及时研究解决修志工作中的具体问题。1996年11月、1999年6月,自治区人民政府两次主持召开了全区地方志工作会议,对全区修志工作进行动员部署。为使修志工作有章可依,规范运作,自治区党委办公厅、自治区人民政府办公厅、自治区地方志编委会、自治区地方志办公室先后转发和印发了中国地方志指导小组《关于地方志编纂工作的规定》、《〈西藏自治区志〉编纂大纲》、《关于进一步加强地方志工作的通知》、《〈西藏自治区志〉志稿评审、志书出版的规定》、《〈西藏自治区志〉志稿质量标准》等文件。

《〈西藏自治区志〉编纂大纲》最初确定《西藏自治区志》由71部分志组成，2000年完成编纂任务。之后，根据工作情况及中指组二届三次会议关于“西藏自治区修志启动时间较晚，任务艰巨，质量要求更高，更应当根据实际情况安排工作进度”的精神，自治区地方志编委会对全区修志工作进度进行了调整，对区志志目做了适当的合并、分解、更名、增加或取消等处理，使区志设置更趋科学、合理，更加切合实际。目前，《西藏自治区志》包括《政区建置志》、《自然地理志》、《国民经济综合志》、《人口志》、《动物志》、《植物志》、《地质矿产志》、《水利志》、《气象志》、《农业志》、《畜牧志》、《林业志》、《灾异志》、《公路交通志》、《民航志》、《城乡建设志》、《环境保护志》、《矿产、机械、化学工业志》、《轻纺工业志》、《电力工业志》、《民族手工业志》、《乡镇企业志》、《邮电志》、《粮食志》、《商业志》、《对外经济贸易志》、《物资志》、《财政志》、《金融志》、《税务志》、《工商行政管理志》、《价格志》、《质量技术监督志》、《测绘志》、《审计志》、《统计志》、《检验检疫志》、《海关志》、《文艺志》、《语言文字志》、《藏学志》、《文物志》、《广播电影电视志》、《新闻出版志》、《民俗志》、《档案志》、《科技志》、《教育志》、《体育志》、《旅游志》、《医药志》、《卫生志》、《中国共产党地方组织志》、《人大志》、《政务志》、《政协志》、《军事志》、《武警志》、《公安志》、《检察志》、《司法志》、《审判志》、《民政志》、《民族志》、《宗教志》、《外事志》、《劳动和社会保障志》、《人事志》、《工会志》、《共青团志》、《妇联志》、《人物志》、《大事记》等73部分志，下一步拟将《藏学志》更名为《社会科学志》，增加《地名志》；7个地（市）、74个县（市、区）单独成志，三级共编志书150余部。区志各分志志稿编写及初审由各承编部门负责，复审由自治区地方志办公室负责，终审由自治区地方志编委会负责。地（市）、县志志稿编写及三审由各地（市）、县地方志办公室、地方志编委会及地(市)、县政府负责。1999年,全区三级志书基本完成大纲和篇目拟定工作。从2000年开始,区志各分志、部分县志陆续成稿,并进入审查阶段。2004年9月,《江孜县志》作为江孜抗英100周年纪念活动献礼图书出版发行,是全区第一部出版发行的社会主义新方志。2005年8月,作为自治区成立40周年大庆献礼图书,《昌都地区志》、《西藏自治区志·民航志》、《西藏自治区志·税务志》、《西藏自治区志·气象志》等9部志书已出版发行,其他志书也将陆续出版,计划2010年完成全部志书的编纂、出版及发行任务。

西藏的社会主义新方志编纂工作得到了党和国家领导人的重视和关心,得到了中指组的具体指导,李铁映、热地、帕巴拉·格列朗杰、陈奎元等国家领导人作过有关指示;自治区党委、政府给予了高度重视,杨传堂、列确、胡春华、李立国、拉巴平措、白玛赤林等自治区领导对地方志工作先后作出过指示、批示或题词;全区各级党委、政府、区直中直单位、驻藏部队积极配合;有关专家学者和全体修志人员辛勤笔耕,付出了心血和汗水。西藏的修志工作得到了阴法唐、江村罗布等老领导的关心,得到了四川、湖北、江苏、陕西、青海等省市区,中国藏学研究中心和中国社会科学院等单位及区外专家学者的支援与帮助,得到了社会各界的支持。西藏社会主义新方志的编纂出版发行凝聚了社会各方力量,是集体智慧的结晶。

官方组织,系统开展修志工作,在西藏尚属首次。由于资料短缺、时限跨度大,修志经验缺乏,加之各单位上报的基础稿良莠不齐,自治区地方志办公室人员少,编纂水平有限,时间仓促,难免疏漏,敬请读者和同仁不吝赐教。

借志书陆续付梓面世之机,作此以略概事由并诚表谢意。

西藏自治区地方志办公室总编室

2009年9月